L'ART,

OU

LES PRINCIPES PHILOSOPHIQUES

DU CHANT;

PAR

M. BLANCHET.

IIe Édition, corrigée & augmentée; 3 liv. broché.

A PARIS,

Chez

August. Mart. LOTTIN, Imprimeur-
Libraire, rue S. Jacques, au Coq.
Michel LAMBERT, rue & près
de la Comédie Françoise, au Parnasse.
Nicolas Bon. DUCHESNE, Libraire,
rue S. Jacques, au Temple du Gout.

MDCCLVI.

Avec Approbation, & Privilége du Roi.

A SON ALTESSE

MONSEIGNEUR

LE PRINCE LOUIS

DE

SALM-SALM,

CHEVALIER DE L'ORDRE PALATIN
DE S. HUBERT, &c.

MONSEIGNEUR,

LA glorieuse protection que
Vous accordez aux Lettres, m'en-
hardit à vous dédier cet Ouvrage.
Peut-être y trouverez-Vous les
principes philosophiques que Vous

a ij

vous êtes formés fur un talent dont vous connoissez toutes les graces. Je sçais que VOTRE ALTESSE dérobe quelquefois à des occupations sérieuses des momens qu'elle abandonne aux Arts agréables, persuadée qu'ils font dignes de l'attention du Sage, puisqu'ils tiennent au caractère des Nations & à la politique des États. Je serois, MONSEIGNEUR, bien récompensé de mes veilles, & je me croirois sûr du suffrage du Public & de celui des Siécles, si j'avois pû mériter le Vôtre.

Je suis avec un très-profond respect,

MONSEIGNEUR,

DE VOTRE ALTESSE,

Le très-humble & très-obeissant Serviteur, BLANCHET.

AVERTISSEMENT.

DÈs que l'Art du Chant parut, tous les gens éclairés refuserent à M. Bérard les honneurs Littéraires qu'il vouloit usurper ; en même temps, le bruit se répandit, je ne sçais par quelle fatalité, que j'étois l'Auteur de cet Ouvrage. Mes amis me conseillerent de retirer à moi un sacrifice dont on s'étoit rendu indigne ; ils me représenterent qu'il convenoit de perfectionner un Traité utile, que tout le monde m'attribuoit avec raison, & que je ne regardois que comme le plan, ou la foible esquisse d'un Livre plus considérable. Enfin ils me persuaderent que mon honneur & le Public attendoient également de moi ce travail. Voilà quels sont les motifs qui m'ont déterminé à faire bien des corrections à l'Ouvrage de l'Art du Chant, à l'augmenter de plus d. la moitié, & à prouver que M. Bérard ne l'a point pu faire, & que c'est moi qui l'ai fait.

Ce Traité tient par sa nature à la Logique, à la Physique, à la Métaphysique & à la Grammaire : aussi l'on n'a point été duppe de la vanité d'un Artiste qui n'est pas même initié aux Sciences. Je vais rapporter à ce sujet une anecdote qui, à ce que je crois, ne surprendra personne, quoiqu'elle ait fort étonné M. Bérard. Un Académicien à qui il avoit lû son prétendu Ouvrage, lui en fit d'abord l'éloge, & puis lui demanda, s'il y mettroit son nom. La question parut bien inconséquente à la Logique de M. Bérard. C'est à ce dernier à qui je dois cette particularité.

Cette queſtion ne paroîtra pas
ſi inconſequente, quand on ſçaura
que ce Maître à chanter, qui voulut mal-à-propos diriger l'impreſ-
ſion de l'Art du Chant, ne fut
point en état de revoir fidélement
les épreuves d'un Livre qu'on lui
avoit ſouvent expliqué pendant le
cours de quatre mois. On en va
juger par les fautes que je vais
rapporter, fautes qui ne ſont
point corrigées dans les exemplaires dont on fit préſent aux
perſonnes de la plus haute diſtin-
ction.

Qu'on liſe p. 7. on trouvera :
Ces organes concourent à former *un* ton *au lieu d'un* tout....
& de divers conduits appellés
branches, *au lieu de* bronches.
p. 129. Les oſcillations des rubans ſonores acquerront & enſuite perdront l'étendue, *au
lieu* de leur étendue. *p.* 147.
L'action eſt l'art de peindre les

idées & les sentimens des gestes , *au lieu de* par des gestes.
p. 151. On ne sçauroit ménager aux soins *au lieu de* aux sons
leurs dégrés de grave & d'aigu.
p. 154. Si l'on n'embrasse pas
des idées sistématiques , *au lieu
de* par des idées sistématiques.
p. 158. *On a séparé du dernier
Chapitre les exemples de Musique , quoiqu'ils en fassent partie.
J'omets des détails ennuyeux.
Il me suffit d'observer qu'on est
tout étonné de remarquer plus de
70. fautes d'impression dans un
Traité de 158. pages , & encore
quelles pages !*

*De pareilles bévues ont fait
penser , que si l'on demandoit
compte à M. Bérard des principes sur lesquels porte tout son
Ouvrage , on s'appercevroit qu'il
est transporté dans un monde
nouveau & inconnu. C'est un
spectacle que peuvent se donner*

les *Gens de Lettres*, & qu'on s'est déja donné.

*Un d'entre eux m'a assuré qu'il avoit demandé au prétendu Auteur de l'*Art du Chant*, pourquoi il avoit préféré le système de M. Ferrein à celui de Dodard ; & qu'on lui avoit répondu que c'é- toit, parce que ces mots cordes vocales, rubans sonores, flat- toient l'oreille, & charmoient l'imagination. La même personne me dit de plus que M. Bérard n'a- voit répondu aux diverses objec- ctions qu'on lui fit, qu'en chan- tant divers morceaux d'Opéra. C'étoient là des raisons de Musi- cien, & non de Philosophe. Il est bien plus aisé de chanter que d'ex- pliquer comment & pourquoi l'on chante ? La pratique ordinaire de certains arts est presque toute du ressort des organes & des sens ; tandis que leur théorie est du do- maine des sciences, & de l'enten- dement.*

a v

Je vais faire voir combien M. Bérard est habile Théoricien dans sa Profession ? Pour qu'on puisse mieux juger de son esprit philosophique, de l'étendue de ses connoissances, & des graces de son style, je vais rapporter la partie la plus brillante & la plus importante de ses manuscrits, à laquelle, de son aveu, il ne manquoit que les dernieres façons pour aller sous la presse : car cet Artiste avoit la manie de vouloir se faire Auteur. Il ne sçauroit me désavouer : j'ai des originaux écrits de sa main : je les ai fait imprimer avec la plus scrupuleuse fidélité : je puis satisfaire les curieux, & convaincre les incrédules. Voici la sublime méthode qu'on nous y enseigne pour former de certains agrémens. » Pour » bien battre une cadance il » faut d'abord bien ouvrir le go- » sier..... Observez bien que ce

» *que nous appellons accent* ce
» *fait par une* inflextion *de go-*
» *sier.... quelques lignes après ,*
» *prenez bien garde de tomber*
» *dans* l'orrible *défaut de plu-*
» *sieurs personnes , qui ne sça-*
» *chant pas vraisemblablement la*
» *Méchanique pour bien faire cet*
» *agrément , au lieu de le faire*
» *comme je viens de le dire par*
» *une* inflextion *de gosier en ca-*
» *raissant la notte qui est au-*
» *dessus du son , sont ledit ac-*
» *cens de la poitrine , qui alors*
» *ne fait qu'un hoquet ; & qui*
» *bien loin de flater l'oreille ne*
» *sert qu'à* larracher. » *Quels
beaux principes de Physique , &
quels heureux développemens !
M. Bérard a fait des Observations tout aussi importantes sur la
prononciation. Il s'exprime de la
sorte.* « *Démontrer que toutes les*
» *terminaisons des consones pa-*
» *latales , il faut retenir la lan-*

» gue pour ne pas entraîner une
» voyelle qui fait une prononcia-
» tion ignoble comme qu'il fom-
» meille quel prix , quel bien &c.
» Il y a quantité de perfonnes qui
» faute de cette connoiffance ne
» retiennent pas la langue fous le
» palais , & moyennant cela ils
» prononcent qu'ile fomeille que-
» le prix , quele bien , &c ce qui
» devient très-défectueux comme
» ces mots qui terminent en er ,
» il faut rouler la langue fur les
» gencives des dents de deffus
» Voyez Armide , marquer l'in-
» ftant former des nœuds , par-
» ler des yeux , pour lui mercure
» &c : berger & ne pas tomber
» dans l'inconvénient de lâcher la
» langue car elle entraîne toû-
» jours une voyelle , comme A-
» remide marequer , foremer ,
» pareler , poure lui , merecu-
» re bereger : j'ai rencontré mê-
» me très fouvent des gens qui

» indépendament du premier vi-
» ce faifoient un mouvement des
» lévres en les avançant en de-
» hors , qui introduifoit un fe-
» cond vice qui eft de prononcer ,
» marouquer , berouger , &c.

» Autre exemple fur la con-
» fonne j palatale fifflante baffe
» & déliée.

« Quand un mot commence par
» un j confone , il faut prendre
» garde de ne pas le faire trop
» fiffler comme jardin , j'aime ,
» je crois , j'adore , jamais , j'i-
» rai , jeune , jour , &c. Pour
» bien prononcer cet j confone
» tous fes mots il faut ferrer les
» dents & porter la langue de-
» vant , ce qui forme un frémif-
» fement de la langue qui fait
» la vrai prononciation de la
» premiere fillabe de fes mots , &
» ne pas les prononcher comme
» s'ils étoient écrits chardin dé-
» licieux , chadore une beauté ,

» chaime *un ingrat*, chamais
» *mon cœur*, cheune *héros &c.*
» cheune *beauté &c. comme*
» *quantité de gens qui* chan-
» tent. »

M. *Bérard pouſſe encore plus*
loin ſes Obſervations ſur cette
matiere. « *Il faut*, dit-il, *dans*
» *un autre endroit, bien articuler*
» *& bien* mordre toutes ces ter-
» minaiſons en tendre rendre
» *&c & non* terende rendere,
» ou rende *comme* pelaiſir *pour*
» *plaiſir*, beruler *pour brûler*
» parefaitement *pour parfaite-*
» ment malegré *pour malgré &c.*
» *Quand il faut enfler ou ſou-*
» *tenir un ſon ſur ces mots bien,*
» *rien, il faut prononcer com-*
» me *s'ils étoient écrits* bie-in
» rie-in, *&c.* » Teļs ſont *l'or-*
tographe, le ſtyle, les maté-
riaux de M. *Bérard, & l'ordre*
dans lequel ils ſont diſpoſés. Les
rouas, *les* louax, *les* victouares,

les glouares , au lieu des roues *,
des* louex *, des* victoueres *& des*
gloueres : *Les* trio...mphes *, les*
o....ndes *, les* foupi...rs *, les* défi...rs *, auffi-bien que la génération des Lettres qu'il avoit co-
piée du Dictionnaire de Tré-
voux , feroient de beaux pendans.
pour l'endroit que je viens de citer ; mais je craindrois que fa
modeftie ne rougît de tant d'honneurs. Je laiffe aux Artiftes ,
aux amateurs & à l'Aca-
démie Françoife , le foin de lui
faire bien des remercimens pour
tant de fublimes découvertes. Je
fuis charmé de pouvoir dire à
l'honneur de ce Maître de Chant ,
qu'il avoit déterminé dans fes ma-
nufcrits , le nombre des agrémens ,
& qu'il fe propofoit de les repréfenter par des fignes. Voilà les
feules idées eftimables que j'y ai
trouvées. Je ne doute point que
tous les honnêtes gens éclairés ,*

qui ont vû ces manuscrits avant
le quatriéme Août de l'année
1754, temps où j'entrepris l'Art
du Chant, & où je commençai
à en communiquer les différentes
façons à M. Bérard, ne rendent
justice à ma sincérité. M. F...
connu par des Poésies pleines de
finesse & de naturel, dit dans une
maison respectable, qu'il avoit
été malheureusement réduit à es-
suyer la lecture de ces manuscrits,
qu'il n'avoit jamais pû deviner
ce que l'Auteur y avoit voulu dire; & qu'aussi il ne lui avoit pas
attribué un seul instant le Livre
qui paroissoit sous son nom. J'en
pourrois citer bien d'autres qui
pensent comme M. F... & qui par-
leroient de même, si, chez de certaines personnes l'amitié, l'intérêt
& la reconnoissance n'usurpoient
point l'empire sur l'amour de la
Vérité, & sur la droiture.

Nul au monde n'étoit plus

convaincu que M. *Bérard*, que
ses manuscrits n'avoient aucune
sorte de rapports avec l'Ouvrage
de l'Art du Chant : aussi prenoit-
il toutes les précautions imagi-
nables pour jouer de son mieux
le rolle périlleux & embarassant
d'Auteur ; rolle encore plus difficile, que celui de Mercure &
d'Apollon sur notre Théâtre Lyrique. Pour rendre son Personnage avec toute la vérité possible, il
disoit à tout le monde qu'il avoit
fait un Cours d'Anatomie. En
effet, M. *Bordeu*, Médecin, lui
avoit montré plusieurs fois un
larynx. M. *Bérard* auroit dû
prévenir ceux qui l'auroient voulu croire, qu'il avoit fait un
Cours de Logique, de Physique,
& de Métaphysique. Il publioit
par-tout qu'il travailloit depuis
trois ans à un Ouvrage Philosophe. Il me demandoit ce que c'é-
toit que ces mots : Libro 1°. de

Oratore , &c. Tenſion , vibra-
tion , oſcillation , iſocrone ,
monocorde , bicorde , Phyſique , Philoſophique , &c. *Il
alloit lire les divers Chapitres
dont je lui faiſois part. Je paſſe
ſous ſilence bien des détails à
peine vraiſemblables , qui prou-
veroient combien il craignoit que
la Vérité ne ſe fît jour.*

· *Je me flatte que les perſonnes
les plus prévenues , ne pourront
ſe refuſer à la réunion des preu-
ves dont je viens de faire uſage.
Il me reſte à faire voir que le Livre de l'*Art du Chant *m'appar-
tient.*

*J'en ai toutes les façons entre
les mains: de plus , les corrections
conſidérables que j'y ai faites ,
l'ordre que j'ai mis dans les Chapitres , les développemens que j'ai
donnés à mes principes , les nouvelles matieres dont je traite ,
formeront une démonſtration pour*

tous les Lecteurs judicieux.

Je pourrois ajouter que des gens de Lettres, d'une probité reconnue, me l'ont vû composer comme sous leurs yeux, & presque sans aucune sorte de secours ; & que je leur ai lû en détail tous mes Manuscrits avant que de les communiquer à M. Bérard.

On dira peut-être : Comment le Traité de l'art du Chant a-t-il pu partir d'un homme qui n'est point Musicien ?

A raisonner sur ce principe, comment pourra-t-on se persuader que M. Bérard, que tout le monde sçait n'avoir point de connoissances en fait de Logique, de Physique & de Métaphysique, ait pu composer un Ouvrage qui est du ressort de toutes ces sciences. Si les gens qui feront cette objection étoient un peu érudits, ils sçauroient que presque tous ceux qui ont écrit jusqu'à pré-

sent sur les arts, n'étoient point Artistes. Aristote, à qui nous devons la Poëtique, n'étoit pas Poëte. M. Dubos qui a fait des réflexions aussi fines que solides sur la peinture, n'avoit jamais manié le pinceau. Le P. Laugier sans être Architecte, à donné un essai d'Architecture qui a été admiré de tous les connoisseurs. La plûpart des Mathématiciens qui ont établi des régles sur la composition en fait de Musique, ignoroient la pratique. M. Duclos sans être Déclamateur, a mis au jour un Ouvrage sur la Déclamation, qui est un chef-d'œuvre & de Philosophie, & de bel esprit. M. de Cahusac n'est point Artiste ; cependant il a fait paroître un Traité sur la Danse, qui a fixé l'attention du public. Enfin Messieurs les Encyclopédistes qui ne font point ouvriers, nous font souvent part de Dissertations sur les arts méchaniques , également curieuses & utiles.

Ceux qui sont surpris que j'aye pû composer le Livre dont il s'a-git , seroient bien étonnés que je fuffe en état de prescrire des régles sur le jeu de tous les instrumens , quoique je n'aye appris à jouer d'aucun : les vrais Physiciens ne regarderont cela , ni comme magie , ni comme jactance de ma part.

Tous les Arts vont se perdre dans la Méthaphysique & la Phy-sique. Il n'est pas possible d'avoir bien étudié la grande question des sons , sans s'être formé une idée nette & précise de la Musique. Pour peu qu'on ait soin de l'envi-sager dans sa nature , on s'apper-çoit qu'elle n'est qu'un assemblage de sons graves ou aigus , forts ou foibles , lents ou rapides , mélo-dieusement ou harmonieusement combinés ; que la gamme , les dif-

férentes clefs, ainsi que les ron-
des, les blanches, les noires, les
croches, les double-croches, & les
triple-croches ne font pas la Mufique, mais qu'elles en font les fignes ; que ces fignes n'étoient pas
les mêmes chez les Grecs que chez
nous, & qu'ils varient encore
chez de certaines nations, tout
comme les mots qui repréfentent
nos idées. Si on a lû avec quelque attention l'Art du Chant, on
aura remarqué que j'y ai prefque
toujours confidéré la Mufique fous
les premiers rapports, dont je
viens de parler ; & que c'eft plus
l'Ouvrage d'un homme de Lettres
amateur, que d'un fimple Artifte. D'ailleurs, quand il m'a fallu
entrer dans le fond de la Mufique, j'ai eu recours aux Livres,
j'ai confulté les gens à talent,
& j'ai fouvent prié ces derniers de
chanter.

C'eft peut - être pour avoir

chanté, & pour avoir répondu
aux diverses questions que je lui
ai faites, que M. Bérard s'imagine avoir des droits sur mon
Traité ? S'ils étoient fondés, nos
célebres Artistes que M. Diderot
fait travailler & consulte habi-
tuellement, pourroient, avec bien
plus de justice, s'approprier la
plûpart des Dissertations de l'Encyclopédie. Voici cependant comment M. Diderot s'explique sur
leur compte dans l'admirable
Prospectus qu'il a mis à la tête
d'un Ouvrage qui honore également & la Nation, & les Sciences.
» Tout nous déterminoit donc à
» recourir aux ouvriers ; on s'est
» addressé aux plus habiles de
» Paris & du Royaume. . . . La
» plûpart de ceux qui exercent les
» Arts méchaniques, ne les ont
» embrassés que par nécessité, &
» n'operent que par instinct. A
» peine entre mille en trouve-t-on

» *une douzaine en état de s'expri-*
» *mer avec quelque clarté sur les*
» *instrumens qu'ils employent, &*
» *sur les Ouvrages qu'ils fabri-*
» *quent. Nous avons vû des ou-*
» *vriers qui travaillent depuis*
» *quarante années, sans rien con-*
» *noître à leurs machines : il a*
» *fallu exercer avec eux la fon-*
» *ction dont se glorifioit Socrate,*
» *la fonction pénible & délicate*
» *de faire accoucher les esprits,*
» *obstetrix animorum.* «

Je serois bien fâché qu'on allât croire que j'ai voulu faire une application injurieuse. Je sçais trop les différences qu'il y a entre les Arts méchaniques & les Arts libéraux.

Je demande pardon à mes Lecteurs de les avoir entretenu trop long-tems d'une querelle qui n'a rien d'intéressant pour eux, & je leur promets de garder désormais un profond silence à cet égard,

&

& de ne point prendre la peine de réfuter les gens que M. Bérard payera pour écrire contre moi, quoique j'eusse une façon bien simple & bien redoutable de répondre, qui seroit d'achever d'imprimer les Manuscrits de ce Maître à Chanter.

Je crois devoir instruire le Public, que je suis fort surpris qu'on attribue dans l'Almanach des Auteurs, la partie Anatomique de l'Art du Chant à M. Ferrein. Ce sçavant Physicien, qui sçait fort bien n'avoir aucune sorte de part à cet Ouvrage, doit être tout aussi étonné que moi.

PRÉFACE.

IL PAROITRA fans doute étonnant, qu'à Athénes, où la Mufique vocale entroit pour beaucoup dans l'éducation des Philofophes & des Héros, je veux dire des Platon, des Socrate & des Achille; & qu'à Rome où des revenus immenfes & même les honneurs étoient toujours près du talent du Chant, & où il tenoit à la Politique, qui penfoit qu'il étoit très-propre à contenir par l'attrait du plaifir, des millions de bras, qui après

avoir enchaîné l'Univers é-
toient continuellement fur
le point de fe débander contre leurs maîtres, on ne fe
foit point avifé de traiter de
cet art.

On regardera fans doute
comme peu vraifemblable,
que dans l'Europe moder-
ne, & en particulier dans notre France, où le Chant
tient aux plaifirs de la
fociété, dont il eft un des
principaux liens; où, après
avoir fait de grands pro-
grès, il fe voit conftamment
encouragé par les applau-
diffemens du public, & ho-
noré de la protection d'un
des plus grands Rois du

b ij

monde, ont n'ait point écrit sur cette matiere, & cela dans un siécle qu'on peut appeller, à juste titre, *le siécle des arts*, & qui a vû éclore des traités sur la théorie de la Musique, sur la science de l'harmonie, & sur le mécanisme des instrumens.

Ne semble t-il pas qu'il fût de la destinée d'un des arts les plus séduisans, de ne le conserver que par une tradition orale ? (*a*) sorte de tradition très-imparfaite,

(*a*) Le sçavant P. Berthier remarqua sagement dans l'extrait favorable qu'il donna de *l'Art du Chant*, que tout ce qui avoit été écrit auparavant sur ce sujet est si peu digne d'attention, qu'il doit être censé non-avenu.

puisqu'elle tranfmet rarement à la Poftérité la méthode des grands maîtres, & les obfervations des amateurs éclairés : les réflexions des uns & des autres n'auroient pas peu contribué à lui faire franchir l'efpace immenfe, par où il eft féparé du dernier période de fa perfection , efpace peut être auffi confidérable que celui qu'il a parcouru jufqu'à préfent. Le défir de hâter les progrès du Chant m'engagea à former fur cette matiere le projet d'un ouvrage , dont je fentis dès le commencement toutes les difficultés. Je compris

b iij

qu'un pareil traité étoit moins à faire qu'à créer ; je fçavois que le pays des découvertes eft très-vaſte, à la vérité ; mais que chaque pas qu'on y fait eft pénible & périlleux , & que l'on eft heureux de marcher dans des fentiers où l'on peut profiter des erreurs de ceux qui nous y ont précédés. Je n'ignorois pas qu'il eft aifé à des Ecrivains poſtérieurs de furpaſſer leurs modéles : outre qu'ils ont les idées de ces derniers , ils ont de plus leurs propres réflexions ; pluſieurs efprits doivent naurellement plus penfer qu'un feul. Je prévis combien il en devoit couter de faifir le vrai parmi une foule de principes, qui ayant leurs racines dans la nature, devroient toujours être les mêmes, & qui cependant ne font que trop fouvent contradictoires entre les mains des différens maîtres. Je ne me déguifai point le danger qu'il y a, que les premiers livres que l'on fait fur un art ne foient marqués au coin de la rudeffe & de l'imperfection : le foin d'inventer nuit à celui de polir. D'ailleurs il eft bien difficile qu'on embraffe toute l'étendue de fa matiere, qu'on n'omette point de détails

& d'obſervations néceſſai-
res : les excellentes productions en ce genre ſont le
fruit des ſiècles.

A la vue des obſtacles
multipliés , il a convenu
de redoubler ſes efforts. On
s'eſt d'abord attaché à em-
braſſer d'une ſeule idée ſyſté-
matique toutes les bran-
ches du Chant , perſuadé
que tout excellent ouvrage
n'eſt qu'une penſée bien dé-
véloppée , & que cette même penſée décompoſée en
donne naturellement les di-
viſions ou le plan. On a cru
pouvoir aiſément réduire
l'art dont il s'agit, à celui de
faire mouvoir à propos les

organes de la voix, ceux de l'Articulation & de la prononciation, ainfi que ceux des geftes. Ce principe contient en lui-même tout ce qui a rapport au Chant fimple & au Chant compofé : le premier n'eft, comme je l'ai déja dit, qu'un affemblage de fons graves ou aigus, forts ou foibles, lents ou rapides, mélodieufement ou harmonieufement combinés : le fecond eft l'application du Chant fimple à certaines modifications de la voix, c'eft-à-dire, aux paroles.

Comme je me propofois d'envifager mon fujet juf-

b v

ques dans ſes élémens, j'ai
eû recours au traité ingénieux & profond intitulé
Anatomie d'Heiſter. J'ai oſé
porter l'analyſe dans tous
les organes de nos ſons : j'ai
meſuré l'étendue, j'ai examiné la figure de chaque
partie, & l'enchaînement
de l'enſemble ; j'ai calculé
les mouvemens particuliers
propres aux divers organes,
& le mouvement général de
tout l'inſtrument de la voix.

Quoique la phyſique ait
juſqu'apréſent borné ſes recherches à la formation
de la voix : quoique Do-
dard & M. Ferrein n'ayent
point porté leurs obſerva-

tions au-dela , je n'ai pas craint de donner le premier la génération méchanique de nos fons ; je fuis remonté jufqu'à leur fource, j'en ai dérivé toutes les différentes efpéces de fons , & celles des voix : jai enfeigné aux chanteurs l'art de phrafer tout d'une haleine, avec aifance, quatre fois, fix fois plus long-temps qu'à l'ordinaire. Il m'a fallu pour tout cela tirer le voile dont la nature a coutume de couvrir fes opérations : heureux d'avoir réuffi à mettre dans le monde fçavant, une branche de phyfique toute nouvelle.

b vj

On ne s'eſt point arrêté à ce terme ; on a conſidéré le Chant comme déclamation ; on a examiné en phyſicien les organes de l'Articulation ; on a indiqué des principes d'où naiſſent tous les modes ; on a étudié ſa nature, & l'on a preſcrit des régles capables de diriger les chanteurs dans tous les cas particuliers.

Les méditations qu'on a faites ſur cette matiere, ont dû naturellement conduire à la prononciation. On a oſé la définir & démêler les différences qui la diſtinguent de l'Articulation : on a été charmé d'épargner cette

peine à l'Académie Fran-
çoife. On a confidéré la prononciation, comme prin-
cipe d'harmonie dans le
Chant ; on a réfléchi fur la
nature de certaines lettres,
qui entrent dans la compo-
fition de nos mots, & ces
réflexions n'ont point été
ftériles ; on en a vu naître
plufieurs régles particulieres qui font la fource de
bien des agrémens. Il a convenu d'envifager la prononciation comme principe d'i-
mitation, de faire voir
qu'elle eft très-propre à
peindre à l'ame les bruits &
les fentimens. Enfin il a paru néceffaire de traiter de

l'expreſſion des geſtes, &
pour cela de ſe former des
notions juſtes & préciſes de
l'action chantante, d'analy-
ſer tous les mouvemens
d'où elle réſulte. On a été
tout ſurpris qu'Ariſtote,
Cicéron & Quintilien, ayent
laiſſé cette analyſe à faire.
On a crû auſſi devoir établir ſur les geſtes, quelques principes ſyſtémati-
ques, dont il fût aiſé de
faire l'application. On ſe
flatte qu'on pourra, avec
bien des reſtrictions, tranſ-
porter la plûpart des régles
ſemées dans le cours de la
ſeconde partie de cet Ou-
vrage, à la déclamation de

la Chaire, du Bareau, & à celle de la Comédie & de la Tragédie.

Il faut dans les méthodes qu'on fe prefcrit, imiter la nature, dont les dernieres opérations font toujours plus compofées que les premieres; c'eft pourquoi j'ai tâché de m'élever à des confidérations plus fublimes que les précédentes. J'ai mis tous mes foins à faifir la nature de la pareffe & du faux de l'oreille, & à découvrir les moyens de corriger ces défauts; j'ai traité de la mefure; j'ai établi des principes pour la liaifon des tons, & pour l'ufage des fons à cara-

&ctere. J'ai ofé le premier définir les agrémens, déterminer l'expreſſion propre à chacun d'eux , expliquer leur génération , & inventer des ſignes pour les repréſenter. La plûpart des régles contenues dans ce traité auront, comme je l'eſpere, le mérite de la vérité ; ce n'eſt qu'après un ſévére examen , & qu'après avoir conſulté les gens à talent & les amateurs les plus éclairés, que je les ai confiées au papier. MM. Rébel, Francœur, Chéron, La Motte, Duché, Jéliotte & Mlle Fel, ainſi que MM. de Cahuſac, Diderot, De Lagarde & Rameau , tous gens d'une autorité infinie dans l'empire du Chant, se sont prêtés de la meilleure grace du monde à résoudre mes doutes : j'ai eû le plaisir délicat de voir qu'ils me confirmoient dans mes opinions, & que leurs idées courroient quelquefois au-devant des miennes.

Si un ouvrage tenoit de bien près à certaine partie de l'Anatomie & de la Physique, à bien des réflexions sur la nature de la langue françoise, & à plusieurs principes de métaphysique, il seroit à propos de prendre toutes les précautions possibles pour répandre du jour

fur des matieres auffi ab-
ftraites : il conviendroit de
généralifer fes penfées, de
leur donner une jufte pro-
greffion, en paffant des chofes les plus fimples aux plus
compofées. Un écrivain habile ne propoferoit à chaque inftant aux lecteurs
qu'un pas à faire : il voudroit qu'ils s'apperçuffent
de leurs progrès, non par
leurs efforts, mais par l'efpace qu'ils laifferoient derriere eux ; il apporteroit
beaucoup d'attention à former une chaîne qui liât naturellement toutes les parties & tous les chapitres les
uns aux autres ; il donne-

roit plus ou moins d'étendue à ces derniers ; il les trai-
teroit avec plus ou moins
de foins felon les dégrés de
leur importance ; enfin il
s'appliqueroit à donner à
l'enfemble ces exactes proportions qui décident le
prix des ouvrages vraiment
didactiques.

Ce que feroit l'Ecrivain
  pofé, eft juftement ce
qu'on a tâché de faire ; on
fe flatte que par la méthode
qu'on a fuivie, on a mis la
plûpart des chapitres de ce
traité à la portée de tout le
monde.

Afin que des efprits criti-
ques effrayés de mes analy-

fes des fons ne m'accufent point d'avoir rendu par mes régles le Chant plus difficile qu'il ne l'étoit avant elles, il fuffit d'avertir qu'on n'y doit avoir recours que pour les tons qu'on ne fçait pas former, & que la pratique les rendra aifées.

On ne s'eft point permis dans le ftyle ces faillies qui font tout le mérite des trois quarts des écrits qui inondent la Littérature : on s'eft imaginé qu'il valoit mieux intéreffer par des beautés effentielles, que par des ornemens acceffoires ; on s'eft uniquement attaché à bien concevoir & à bien rendre

ſes idées ; on a réduit à cela
toute ſa réthorique, perſuadé que c'étoit celle des
Deſcartes, des Paſcal, des
Mallebranche, des Bayle,
& que c'eſt encore aujour-
d'hui celle de pluſieurs de
nos auteurs philoſophes,
tels que MM. de Fontenelle,
de Voltaire, de Maupertuis,
de Cailus, Buffon, Condillac,
Touſſaints, d'Alembert,
Diderot, Rouſſeau, &c. On
auroit cependant tort de
penſer que j'ai entiérement
négligé de faire éclore des
fleurs ſous un climat aride
& rigoureux, & de par-
ler quelquefois dans le même temps, à l'imagina-

tion & au jugement. On
a eû foin de fe précautionner contre la morgue phi-
lofophique répandue dans
la plûpart des ouvrages mo-
dernes ; on a cru que les livres devoient être modeftes
comme les perfonnes. On
a fermé les yeux fur les ri-
dicules qu'offrent les différens théatres lyriques; on ne
s'eft point armé des traits
de la fatire : on s'eft propofé
de profcrire les abus, & non
d'aigrir les artiftes : d'ailleurs on n'auroit point voulu faire réputation à fon
efprit aux dépens de fon
cœur.

L'accueil favorable que

l'*Année Littéraire*, les divers Journaux, le *Mercure* & le Public ont daigné faire à ce traité, excitent ma reconnoissance, & me font augurer que cette seconde édition, qui est infiniment moins imparfaite que la premiere, sera bien reçue.

J'ose me flatter que si ces foibles productions vont aux siécles, elles y feront passer la méthode de nos fameux chanteurs. J'espere que mes principes bien approfondis serviront à hâter les progrès d'un théatre, qui par le spectacle enchanteur qu'il présente aux oreilles, aux yeux, à l'imagination

& au cœur, est très-propre
à faire tous les charmes des
citoyens, & à attirer continuellement dans nos murs
l'Europe & ses richesses. J'espere aussi que comme j'ai
considéré le Chant dans ses
organes, dans ses élémens
& dans son essence, je ver-
rai l'utilité de cet ouvrage
s'étendre à toute l'Europe,
& à tout l'univers qui chante.

L'ART

L'ART

DU

CHANT.

Toutes les découvertes, en fait d'Arts, tiennent aux Sciences : on ne sçauroit donc trop remonter aux causes. On peut aussi dire que comme le commencement, le milieu, & la fin de la vie des hommes sont trois époques qui méritent le

A

plus l'attention d'un Philoſophe, il en eſt de même des
Arts : on doit les enviſager
dans leurs élémens, leurs progrès & leur derniers pas qu'ils
font loin de leur ſource. C'eſt
pourquoi je traiterai dans la
premiere Partie de cet Ouvrage du Chant ſimple ou de
la voix conſidérée par rapport
au Chant : la déclamation
propre à un chanteur, où le
Chant compoſé ſera le ſujet de
la ſeconde : la troiſiéme aura
pour objet la perfection du
Chant.

PREMIERE PARTIE.

Le Chant simple, ou la voix considérée par rapport au Chant.

CHAPITRE PREMIER.

Combien il est essentiel de connoître les organes de nos sons, & quel est l'instrument de la voix.

L'ÉTUDE profonde que faisoient les Anciens de la mécanique de la voix, les avantages qui résultoient de leurs connoissances en ce genre prouvent l'importance de cette étude. Quintilien nous apprend (*a*) qu'on ne négligeoit rien de son temps de ce qui avoit rapport aux organes du Chant ; qu'il y avoit même dans Rome des personnes qui faisoient profession d'enseigner l'art de les forti-

_____

(*a*) Libr. 11. Tract. de Eloq.

A ij

fier. Pline fait mention en différens endroits de son Histoire, de plus de vingt Plantes qui leur sont salutaires. Ciceron dit (a) que les célebres Acteurs, ses contemporains, avoient coutume de chanter leur rolle, étant assis, & que tous les matins, avant que de se lever, ils faisoient sortir, comme par dégrés, leur voix de leur gosier ; qu'ils la faisoient monter des tons les plus bas aux plus hauts, & qu'ils la ramenoient ensuite à l'endroit d'où ils étoient partis : par ces artifices ils entretenoient la force, l'élasticité & la flexibilité nécessaires aux organes pour former de beaux sons. Aristote avoit dit les mêmes choses long-temps avant Ciceron. C'est à leurs observations que les Anciens devoient, en fait de Chant, ces prodiges dont le récit nous étonne aujourd'hui : il est à présumer que, si nous étions aussi capables d'étude sérieuse qu'eux, nous les imiterions, & les égalerions peut-être.

Un chanteur qui aura fait de profondes observations sur la matière dont il s'agit, aura une grande facilité

(a) Libr. 1. de Orat.

à former des sons graves ou aigus, forts, énergiques & moëleux, ou bien tendres, légers & délicats : il commandera en quelque sorte à son gosier, il en hâtera ou retardera le jeu selon son bon plaisir.

L'étude dont nous parlons est nécessaire à tout le monde ; mais elle l'est surtout à un Maître de Chant. Il ne doit pas seulement réfléchir sur ses organes ; mais encore sur ceux de ses Ecoliers : s'il vient à bout de les connoître, il ne mettra dans leur bouche que des sons analogues; il ne pliera point leur voix à la sienne; mais il pliera la sienne à la leur, & il parviendra à faire chanter avec succès les sujets les plus ineptes.

Pour peu qu'on ait de respect pour les Anciens, & qu'on fasse d'attention aux avantages multipliés qui résultent de la connoissance de l'instrument de nos sons, on se convaincra qu'on ne peut pousser trop loin les recherches en ce genre. D'ailleurs un instrument qui, quoiqu'extrêmement simple, contient en lui-même tous les autres, mérite bien qu'on s'en fasse une idée claire.

A iij

Les organes de la voix peuvent fe réduire aux poumons, à la trachée-artère & au larinx : ils concourent à former un tout qui eft l'inftrument de la voix. Je vais les faire connoître en détail.

Le poumon eft un vifcère fort gros, fitué dans l'un & l'autre côté de la poitrine : la fubftance de ce vifcère eft fpongieufe & compofée de petites cellules qui peuvent fe contracter, & de divers conduits appellés *bronches*, & compofés eux-mêmes d'anneaux & de membranes. Le poumon fe divife en deux grands lobes, l'un à droit & l'autre à gauche : le gauche eft divifé en deux lobes, le droit en trois, & chacun d'eux en une infinité d'autres petits féparés les uns des autres par une fubftance cellulaire : le poumon eft convexe fupérieurement & concave inférieurement ; fa figure approche fort de celle d'un pied de Bœuf.

La trachée-artère eft un canal qui s'étend depuis le poumon jufqu'au larinx : le larinx eft la partie fupérieure la plus épaiffe & la plus groffe de la trachée-artère : elle en eft comme la tête : elle eft formée de carti-

E. *Levres de la glote* .. E.

D. *le Larinx* .... D.

C. *la Trachée Artere* ... C.

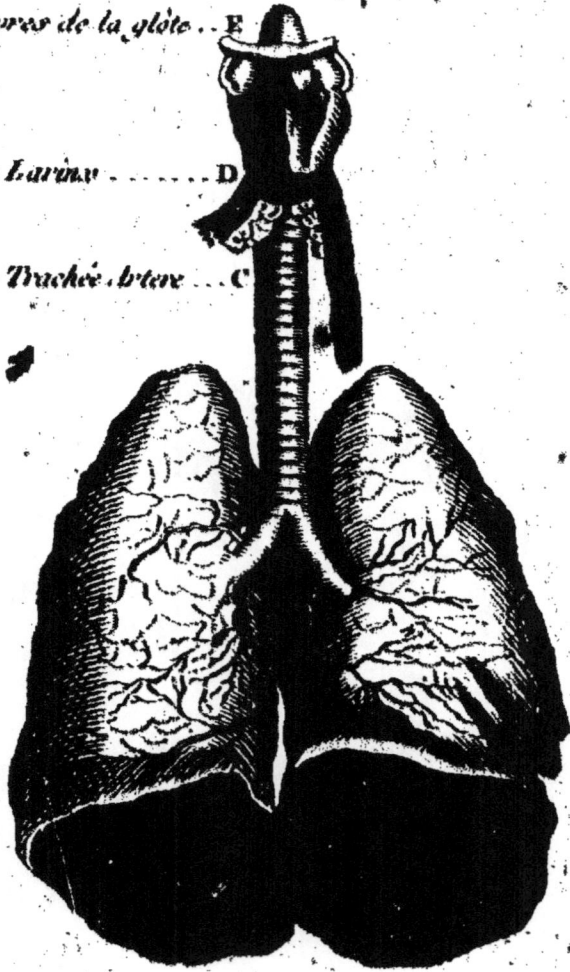

A. *Lobe I*.   B. *Lobe II*.

lages différemment articulés ou liés entr'eux, & de quelques muscles : elle est quarrée par le haut & circulaire par le bas.

La glotte, proprement dite, est la partie la plus étroite & la plus basse de l'ouverture du larinx : c'est une fente horisontale terminée par deux lèvres, l'une à droit & l'autre à gauche.

Voici quel est l'enchaînement de toutes les parties entr'elles : le poumon est uni à la trachée-artère, & celle-ci au larinx, où se trouve la glotte. Une figure va rendre sensible aux yeux, ce que j'ai tâché de rendre sensible à l'esprit.

CHAPITRE II.

De l'Inspiration & de l'Expiration.

LA RESPIRATION est le principal ressort du Chant ainsi que de la vie ; & il est à remarquer que la nature a réuni par le même nœud le plaisir le plus séduisant, & le plus grand de tous les biens.

A iv

La plûpart des chanteurs confondent par un abus de terme la respiration avec l'inspiration & l'expiration, & par là même ne distinguent point le tout d'avec ses parties : il est à propos de leur apprendre à les démêler. Je demande permission de parler encore quelques minutes anatomie.

L'inspiration & l'expiration réunies composent la respiration, qui n'est qu'un flux & reflux d'air dans les poumons, produit par le mouvement des organes qui servent à cet usage. L'inspiration est le mouvement de l'air extérieur qui entre par la bouche, le nez & la glotte dans la trachée-artère, & va remplir toute la capacité des poumons : l'inspiration suit nécessairement de la dilatation de la poitrine : cette dilatation a son principe dans le mouvement des côtes qui s'élevent en se portant en dehors, & dans la contraction du diaphragme dont la partie convexe qui regarde la poitrine descend & comprime le ventre. L'expiration est l'action des organes par laquelle l'air intérieur est chassé des poumons, & en sort par les mê-

mes voies qu'il y étoit entré : on doit
rapporter l'expiration au rétablisse-
ment du diaphragme & au rétablisse-
ment de la poitrine , qui se fait par
l'abbaissement des côtes : comme le
poumon est le centre contre lequel
agissent tous ces différens mouvemens , il doit être comprimé , & l'air
doit être chassé des cellules pneumo-
niques où il étoit contenu. C'est cet
air qui doit servir à la formation de
la voix & parconséquent du Chant ;
puisque ce dernier , selon le célébre
P. Mersenne , *n'est qu'un passage
de la voix du grave à l'aigu , & de
l'aigu au grave par intervalles harmo-
niques.*

CHAPITRE III.

De la formation de la Voix.

LE P. KIRKER, cet illustre Jésuite;
né , ce semble, pour dérober à la nature tous ses secrets , souhaitoit, il y
a un siécle , la possibilité d'un instrument à cordes & à vent ; il ne doutoit

point qu'un artiste créateur qui jette-
roit dans le monde un pareil phénomène n'y jettât des plaisirs nouveaux.

Cet instrument étoit tout inventé,
sans qu'on le remarquât : il existoit,
& personne ne s'en étoit apperçu : il
étoit réservé à M. Ferrein de le deviner dans les organes de la voix, &
d'en prouver l'existence par une dis-
sertation également solide & ingé-
nieuse. Hâtons-nous de venir à notre
sujet.

Des expériences faites avec soin
& souvent répétées apprennent que
si-tôt que les lévres de la glotte demeurent également tendues, son ré-
trécissement, ou son élargissement ne
produisent aucune différence dans les
sons, & qu'ainsi ils ne doivent être
comptés pour rien. Les observations
apprennent de plus, que si l'on dé-
tache les lévres de la glotte d'un
larinx d'homme, & qu'ensuite on
élargisse ou rétrécisse cette premiere,
en soufflant par la trachée-artère, il
en résulte un bruit qui n'a plus aucun
rapport avec la voix. Voila qu'à l'aide
des expériences, nous avons renversé

le fiftême de Dodard , & fecoué le joug des vieilles erreurs. C'eſt avoir fait un pas vers la Vérité , que de ſçavoir qu'elle n'eſt point où l'on avoit cru qu'elle étoit.

Si l'on fait une analiſe exacte des lévres de la glotte ; ſi on les dépouille des parties qui les environnent , & qu'après on porte un œil curieux ſur elles , on remarquera qu'elles ſont une eſpéce de rubans larges d'une ligne , arrêtés par les deux bouts , tendus horiſontalement , ſuſceptibles de pluſieurs dégrés de tenſion & de différentes vibrations , & ſéparés l'un de l'autre par l'intervalle de la glotte , de ſorte que l'air ne ſçauroit ſortir ſans déployer contre eux ſon action.

Si l'on prend un larinx détaché du corps d'un homme ou d'un animal ; ſi l'on rétrécit médiocrement l'ouverture de la glotte , ſi on la conſerve dans cet état ſans en changer le calibre , & qu'on pouſſe l'air avec aſſez de force dans la trachée-artère , on s'apperçoit que ces rubans ſont agités des mêmes tremblemens que les cordes d'un inſtrument de muſique , & l'on entend le ſon de la voix qui com-

A vj

mence & finit avec les vibrations, & devient plus fort ou plus foible suivant l'étendue de ces mêmes vibrations toujours sensibles à la vûe.

La nature vient de rendre son dernier oracle. La voix ne vient donc pas de l'impétuosité de l'air lancé par l'ouverture de la glotte : ce n'est point aussi dans cette derniere qu'on doit en chercher le principal organe ; mais dans les lévres qui la terminent à droit & à gauche , & que nous appellerons désormais indifféremment *rubans sonores* ou cordes *vocales*.

Une découverte ne se présente jamais seule : tous les pas qu'on feroit dans un monde nouveau offriroient des nouveautés : c'est pourquoi M. Ferrein a poussé plus loin ses découvertes, & a donné un ingénieux développement à son système avec le secours de l'analogie. Je parlerai d'après les remarques de ce profond observateur.

Il y a bien des rapports entre les rubans sonores & les cordes isocrones du Clavecin ; la glotte en est l'intervalle : le vent qui vient frapper les lévres de la glotte tient lieu des plu-

mes qui pincent les cordes du Clavecin : la colonne d'air qui pousse celui
qui précéde dans la glotte, peut être
considérée comme le Sautereau qui
fait monter la languete : l'action de
la poitrine & du poumon supplée les
doigts & les touches qui font monter
le Sautereau.

Comme tous les êtres, soit créés,
soit inventés, sont liés entr'eux par
des nœuds secrets, qu'il est réservé
aux génies sublimes d'appercevoir, &
qui échappent au Vulgaire; si-tôt qu'on
verra des rapports d'un objet à un
autre, on en verra bien-tôt de ce premier à un troisieme, & puis à un qua-
trieme &c. La comparaison de l'instrument de la voix avec le Clavecin,
a vraisemblablement donné lieu à la
comparaison de ce premier avec la
Viole ou le Violon.

Les lévres de la glotte sont propres
à être vibrées & à rendre des sons,
ainsi que les cordes du Violon : l'air
est comme l'archet, & les poumons
font la fonction de la main qui le
remue. Je vais pousser plus loin une
comparaison que M. Ferrein semble
n'avoir voulu qu'indiquer.

Comme les divers mouvemens des chevilles produifent différens dégrés de tenfion ou de relâchement dans les cordes du Violon , de même les divers mouvemens des mufcles où font attachés les rubans fonores opérent des changemens dans leur tenfion & dans leur relâchement : comme la force ou la foibleffe de l'action de l'archet décide la force ou la foibleffe des fons du premier inftrument , de même la force ou la foibleffe de l'expiration décide l'énergie ou la foibleffe des fons du fecond : comme la durée de l'action de l'archet décide le caractère des fons du premier, (je veux dire leur expreffion particuliere,) de même la durée de l'expiration décide le caractère des fons du fecond. Il feroit à fouhaiter que MM. Mondonville, Cupis , ou Gavigné , à qui le talent a révélé tous les fecrets de la fimphonie du Violon donnaffent à ces idées tous les développemens poffibles. Pour moi je vais ofer le premier analifer la génération de tous les fons de la voix. Je me croirai trop récompenfé de mes veilles, fi je réuffis à répan-

dre des jours fur une région envelop-
pée de ténébres , & où aucun guide
ne m'a précédé. Quand même le fyftême que j'embraffe feroit faux, (ce qui
n'eft pas vraifemblable, vu qu'il faudroit pour cela que les Commiffaires
nommés par l'Académie pour juger
de la vérité des expériences de M.
Ferrein , euffent manqué d'attention,
de bonne foi, ou de lumieres,) quand,
dis-je , ce fyftême feroit faux , la
Théorie que je vais donner des fons
de la voix , ne feroit pas moins
exacte : il n'y auroit dans c...os
qu'à dire du rétréciffement u..e
l'élargiffement de la glotte, ce que
je dirai de la tenfion ou du relâchement des cordes vocales.

CHAPITRE IV.

*Génération des Sons primitifs , leur
liaifon & la fource des différentes
fortes de voix.*

LES OBSERVATIONS apprennent
que le larinx monte tout entier pour les

fons aigus , & qu'il defcend pour les
fons graves , & que fon élévation &
fon abbaiffement font dans une exacte
proportion avec ces efpèces de fons.
On a remarqué que quand le Larinx
monte , les cartilages où font liées les
extrémités des cordes vocales , s'éloi-
gnent les uns des autres , & donnent
à ces cordes des dégrés de tenfion pro-
portionnés à leurs allongemens:ce font
ces dégrés de tention qui rendent les
ofcillations plus promptes & les fons
plus aigus. Il fuit de tout ceci , (& les
expériences que j'ai faites me l'ont appris;) qu'on peut regarder les mouvemens du larinx en haut ou en bas
comme fignes de la tenfion ou du relâchement des cordes de cet inftrument.

Je puis maintenant procéder à la
génération des fons aigus,que j'appelle
primitifs , parce qu'ils font les plus
fimples de tous , & qu'ils renfer-
ment en eux-mêmes toute la Mufique. On devine déja que, pour former
des fons aigus, il faut faire monter le
larinx ; qu'il doit s'élever de fix dégrés , de fix lignes , par exemple,quand
il eft queftion de rendre des fons fix
fois plus aigus que d'autres ; il ne

faudroit le faire monter que d'une demi-ligne, pour des fons plus aigus d'un demi dégré. On voit que par la raifon des contraires, on doit faire defcendre le larinx pour les fons graves, & que pour eux les dégrés d'abbaiffement font dans les mêmes proportions que les dégrés d'éléva-tion pour les fons aigus. On peut fe convaincre de la vérité de mes régles en portant le doigt fur le larinx, lorf-qu'on forme des fons aigus ou graves.

Les rubans fonores étant fufcep-tibles de divers dégrés de tenfion, ils équivalent à plufieurs cordes de la même groffeur, mais de différentes longueurs ; auffi l'inftrument de la voix, quoiqu'il foit bicorde, donne-t-il un grand nombre de fons, & les chanteurs s'élévent-ils jufqu'à la dou-ble octave. Si les lévres de la glotte pouvoient être plus tendues à l'infini, l'on pourroit en tirer une infinité de fons de différentes fortes. On voit comment on pourroit tirer autant de fons d'un Monocorde que d'un Vio-lon : il ne feroit queftion que de mé-nager dans le premier beaucoup de dégrés de tenfion. Il eft vrai qu'il ne donneroit pas plufieurs fons à la fois comme dans le Violon, où l'archet peut appuyer en même temps fur deux cordes de diverfe efpéce : mais cet inconvénient n'eft rien, vu la rapide fucceffion des fons que donne une même corde plus ou moins tendue. Il n'eft pas hors de propos d'obferver que ce que j'ai dit fur la génération des fons aigus ne doit point être pris dans une rigueur géométrique ; car le larinx demeurant immobile, on pourroit abfolument rendre des fons aigus & des fons graves ; il n'y auroit pour cela qu'à avancer les lévres, les ramener enfuite vers les dents & continuer ce jeu : on voit que la machoire devroit être confidérée comme une corde tantôt plus tantôt moins longue : mais parcequ'il n'arrive prefque jamais qu'on ôte au larinx la liberté de monter & de defcendre, on ne doit tenir nul compte de cette exception à la régle.

Un critique éclairé pourroit obferver que le développement que j'ai commencé à donner à mes principes eft plus curieux qu'utile, attendu que

les mouvemens du larinx ne font
point fubordonnés à notre volonté ,
& que nous ne commandons point à
notre gofier comme à certains de nos
membres. Il paroît par l'extrait que
le P. Berthier fit de *l'Art du Chant* ,
qu'il fentit toute cette difficulté. Je
l'avois fenti long - temps avant que
M. Bérard abandonnât mon ouvrage à l'impreffion : les efforts inutiles
que j'avois fait pour furmonter un
obftacle qui s'oppofoit à la perfection
de mon Livre me faifoient défefpé-
rer d'y réuffir ; je me confolois dans
l'idée que ma premiere Partie auroit
le fort de la plûpart des differtations
de Phyfique plus faites pour conten-
ter la curiofité des Sçavans, que pour
accélérer les progrès des Artiftes.
Cependant, comme j'ai toujours été
frappé de l'importance d'un principe
qui rendroit praticable tout ce que
j'ai avancé fur le mécanifme des fons ;
comme j'étois perfuadé qu'une pareille
découverte ajouteroit infiniment à la
précifion & aux graces du Chant ;
comme d'ailleurs j'ai toujours eû
un amour inquiet pour les Arts &
pour la Patrie à laquelle j'ai toujours

souhaité de me rendre utile, j'ai eû recours de nouveau aux expériences, les seuls oracles qui pouvoient m'éclairer.

Je me suis apperçu qu'en chantant la gamme, j'expirois avec diverses secousses ; que la force de ces secousses & de l'expiration qui les produisoit étoit d'un dégré pour la premiere note, de deux dégrés pour la seconde, de trois dégrés pour la tierce & ainsi de suite ; & qu'à mesure que l'énergie de cette expiration diminuoit d'un, de deux, de trois dégrés &c. les sons devenoient plus graves dans les mêmes proportions : enfin j'ai observé que les mouvemens du larinx en haut ou en bas répondoient parfaitement aux accroissemens ou aux diminutions de la force de la sorte d'expiration dont j'ai parlé.

On voit actuellement que les mouvemens du larinx sont volontaires, médiatement, parce qu'ils dépendent d'un autre mouvement libre immédiatement, c'est-à-dire, l'expiration : ainsi on ne devra pas plus être surpris d'entendre dire déformais à un Maître à chanter : *Faites monter, faites descendre votre larinx*, que d'entendre dire à un Maître à danser : *Elevez vos pieds*, *abbaissez vos bras*. Il n'y a pour cela qu'à se mettre au-dessus des préjugés, & il n'en doit gueres couter dans le siécle où nous vivons. Le principe que je viens d'établir est d'une utilité immense.

Nous avons les élémens du Chant dans les sons dont nous avons expliqué la génération ; mais parce qu'ils existent en quelque maniere dispersés, & qu'ils sont extrêmement mobiles de leur nature, je vais apprendre l'art de les réunir, d'en former des touts, d'enchaîner leur mobilité, & de leur donner, pour ainsi dire, de la substance.

On peut regarder les liens qui unissent les sons principaux, comme de moindres sons placés dans l'intervalle d'un ton à l'autre : ils sont produits par des oscillations excitées dans les lévres de la glotte par une douce expiration : comme ces oscillations peuvent avoir plus ou moins d'étendue, ces liens peuvent être plus ou moins forts.

On doit faire attention que quoi

que ces sons ne soient point l'essence de la Musique, ils y tiennent de bien près : qu'on les en ôte, dès lors plus d'unité, & par là même plus de Musique. On doit considérer tout air comme un seul son harmonieusement modifié : les chanteurs ne sçauroient donc trop préparer le passage d'un ton à l'autre, & apporter trop de soin pour les lier avec toute la finesse possible ; pour peu qu'ils se négligent à cet égard, il est à craindre que leur voix ne monte pas des sons les plus bas aux plus hauts ; mais qu'elle ne s'élance vers ces derniers ; qu'elle ne descende pas des dernieres notes aux premieres ; mais qu'elle ne s'y précipite, & que leurs accens n'imitent le désordre des élémens qui nagent dans le cahos.

Il ne suffit point d'avoir déduit des principes que j'ai établis, les sons primitifs, & leur liaison ; il convient encore d'en dériver les différentes sortes de voix.

Comme on peut supposer que dans la plûpart des hommes les cordes vocales sont épaisses, longues & tendues différemment ; on peut de ces suppositions dériver les diverses sortes de voix, comme de haute-contre, de haute-taille, de basse-taille, &c.

La haute-contre s'élève de dix-huit dégrés : il faut donc que les lévres de la glotte soient dix-huit fois plus déliées que celles de telle voix qu'on pourroit imaginer ne monter que d'un dégré. La haute-taille peut s'élever de huit dégrés & demi : il faut donc que la tension ou la ténuité des rubans sonores soient exactement dans les mêmes proportions. La basse-taille ne peut atteindre qu'à la hauteur de quatre dégrés, & elle descend de quatorze ; d'où l'on doit conclure que les cordes vocales sont dix-huit fois plus épaisses ou moins tendues que celles des hautes-contres ; ou que la compensation faite par le relâchement, la longueur & l'épaisseur des lévres de la glotte, réduit les choses à l'égalité. Cette compensation peut encore avoir lieu pour les deux autres espéces de voix dont je viens de parler. Il sera aisé à des esprits philosophiques de remonter par mes principes aux causes des autres voix. Je me hâte de courir à des matières plus importantes.

CHAPITRE V.

Usage de l'Inspiration & de l'Expiration, par rapport à la génération des sons à caractères, & des agrémens.

CICÉRON dit (a) *que la Musique* se propose de peindre les passions du cœur humain & les mouvemens qui ont lieu dans le monde physique, sçavoir, la crainte ou l'espérance, la tristesse ou la joye, le bruit du tonnerre ou le murmure d'un ruisseau, le vol de Borée ou celui d'un Amour. L'on voit que l'objet de la Musique différe un peu de celui de la peinture ; celle-ci nous offre l'image immobile des corps en mouvement, & laisse deviner les passions : le Chant n'a point d'autre fin que la Musique : il n'est lui-même que la Musique animée, je veux dire transportée de dessus le papier dans la bouche des amateurs & des gens à talent. Cette sorte de Musique l'emporte sur la Musique instru-

(a) Libr. III. de Orat.

mentale ;

mentale, non feulement parce que les
fons de la voix font, de leur nature,
au-deffus de tous les fons factices;
mais encore parce que ces premiers
font fur-tout faits pour peindre les Paffions avec grace & énergie, avec naïveté & délicateffe, avec précifion & variété. Les fons des inftrumens ne
font gueres propres qu'à repréfenter les mouvemens des êtres maté-
riels : il en coute bien moins de donner de la vie & du fentiment à des
organes placés dans nous, & qui
font partie de nous-mêmes, que
d'animer des corps étrangers. Auffi les
célébres chanteurs chez les Grecs &
les Romains, & nos fameux moder-
nes, tels que Mlle Le Maure, &
MM. Jéliotte & Chaffé, ont porté
leur attention fort loin à l'égard des
fons à caractères; j'entends par là
tous ceux qui font marqués au coin
de la paffion. Voici l'ordre que je me
propofe de fuivre pour la génération
mécanique que je vais en donner : je
rangerai dans la premiere claffe ceux
qui ont rapport aux paffions férieufes;
je mettrai dans la feconde ceux qui
ont rapport aux paffions aimables.

B

Avant que d'entrer en matiere, il eſt à propros d'apprendre aux chanteurs à bien inſpirer.

Pour bien inſpirer, il faut élever & élargir la poitrine, de maniere que le ventre ſe gonfle : par cet artifice, on remplira d'air toute la cavité du poumon. Pour bien expirer, il faut faire ſortir l'air intérieur avec plusou moins de force, avec plus ou moins de volume, ſelon le caractère du Chant.

On peut réduire les ſons de la premiere claſſe aux ſons violens, entre-coupés, majeſtueux & étouffés.

PREMIERE CLASSE.

Sons violens.

Pour former un ſon violent, il faut chaſſer l'air avec une extrême rapidité par la glotte : ſon action ſur les cordes vocales les déterminera à des vibrations fort profondes, & en tirera des ſons violens.

Sons entre-coupés.

On doit avoir ſoin de ſuſpendre expiration à la fin de chaque ſon :

il n'y aura point alors d'oscillations dans les rubans sonores, dans l'intervalle d'un ton à l'autre, & par là même point de liaison : à mesure que le temps où l'on suspendra son expiration sera plus long, les sons seront plus entre-coupés ; c'est qu'alors il y aura plus loin d'un ton à l'autre.

Sons majestueux.

Expirez quelque temps sur chaque note ; déterminez l'air intérieur à sortir avec une certaine vitesse qui croisse successivement : par ces moyens vous donnerez aux sons les dégrés de lenteur, de force & de volume, qu'exige le caractère de majesté.

Sons étouffés.

Il faut s'arrêter un peu sur chaque ton, & le retenir dans la bouche : on comprend qu'alors les mêmes vibrations des lévres de la glotte seront continuées, & que les sons retenus dans la bouche, qui est très-peu élastique, s'amortiront, & qu'ainsi ils acquerront les dégrés d'étendue & d'obscurité nécessaires.

B ij

SECONDE CLASSE.

La seconde classe contient les sons légers, & les sons délicats : il m'eût été aisé de pousser plus loin cette énumération ; mais comme les sons que j'aurois pu ajouter sont contenus dans ceux que je viens de nommer, mes Lecteurs pourront faire l'application de mes principes.

Sons Légers.

Il faut rendre l'air intérieur en petit volume & avec douceur, & ne presque point insister sur les notes ; pour lors des oscillations de différente espèce se succéderont rapidement dans les cordes vocales, & les sons auront un caractère de légèreté.

Sons Délicats.

Expirez le plus doucement qu'il vous sera possible, ensorte que les rubans sonores soient réduits à de foibles vibrations, ou à des demi vibrations, & vous formerez des sons délicats.

Comme les divers mouveme dont je viens de parler peuvent croî

tre ou diminuer presque à l'infini,
auſſi le caraĉtère des ſons dont il a
été queſtion, peut varier à l'infini;
c'eſt-à-dire qu'il peut-être plus ou
moins marqué. C'eſt en faiſant uſage à
propos de cette mécanique, qu'on
viendra à bout de rendre avec préciſion & verité les paſſions, leurs dégrès
& leurs nuances. C'eſt en s'aſſujetti-
ſant à mes régles que Mr Chaſſé &
Mlle Chevalier réuſliſſent à peindre
avec énergie par des ſons durs, violens & entre-coupés, la colère, la fureur & le déſeſpoir. En ſe conformant
à mes principes, Mlle Le Maure, à l'aide de ſons preſque éteints, qui ſont
cependant ſentir tout le timbre de ſa
voix, & qui en laiſſent déviner tout
le volume, Mlle Le Maure, dis-je, ſçait
exprimer avec tout le ſuccès poſſible
l'abbattement de la douleur, qui, toute
concentrée au-dedans, peut à peine ſe
faire jour au-dehors : elle ſçait auſli
par ſes accens majeſtueux & tendres,
répandre dans ſon Chant un intérêt que
l'Europe ne s'eſt point laſſée d'admirer. Les Méthodes que j'ai enſeignées
ſont celles que ſuivent Melles Fel,
Favart, & Mr Jéliotte, pour faire paſſer

B iij

dans leurs sons cette délicatesse, cette légèreté, ce sentiment, enfin ces graces si propres à étendre l'empire de l'Amour. Je viens d'envisager l'expiration par rapport à l'expression de la Musique vocale. Je vais considérer l'inspiration & l'expiration comme très-capables de multiplier les forces d'un chanteur, & de le mettre en état de bien finir tous les agrémens.

Il n'est pas douteux que l'art de bien inspirer & expirer ne multiplie les forces & les graces des gens qui chantent. Supposons qu'une personne accoutumée à ne faire que des demi inspirations en fasse une entiere, il est évident qu'elle pourra expirer pendant un temps double, tout d'une haleine, en rendant le même volume d'air intérieur qu'à l'ordinaire. Si cette même personne ne laisse sortir des poumons qu'un volume d'air la moitié moindre que le précédent, elle pourra expirer pendant un temps quadruple, & parconféquent elle pourra phraser quatre fois plus long-temps qu'auparavant. On pourroit pousser plus loin ce calcul.

On voit que les personnes qui ont

le canal de la trachée-artère & l'ouverture de la glotte étroits, ont un
grand avantage pour le Chant : elles
peuvent se flatter que la nature a fait
pour eux la moitié des frais.

En pratiquant les régles que je
viens de donner, on sçaura enfler
avec succès un son d'une longue tenue : on formera les martelemens
des cadences, les roulades & tous
les autres agrémens, d'une maniere
nette & brillante ; on rendra distin-
ctement la fin de chaque son. On peut
étendre l'usage de mes régles jusqu'à
l'agrément que nous appellons *point
d'orgue*, & que les Italiens nom-
ment *cadenza* ; ils le placent ordinairement au milieu & à la fin d'une
ariette : cet agrément exige des sons
délicats & des inflexions extrêmement déliées ; aussi les chanteurs qui
le font avec grace, & tout d'une haleine, sont-ils surs des applaudisse-
mens des auditeurs. Quoique les Italiens soient plus accoutumés à chanter
avec un petit volume de voix & à
sons aigus, que les François, ceux-ci
avec le secours de mes préceptes
réussiront à former le point d'orgue

avec autant de perfection que ceux-là.

Les *Virtuoso* d'Italie connurent de tout temps le prix de la méthode que j'ai donnée : l'illuftre Cafarelli que tout Paris entendit avec étonnement, à qui l'on applaudit avec enthoufiaf-me, dût tout fes fuccès à cette mé-thode.

C'eft en fe conformant à mes ré-gles que M. Rochar, fi connu par fon goût pour le Chant, fçait avec un petit volume de voix exécuter les plus longues phrafes de Mufique, avec une rare perfection.

J'ai eû le bonheur d'entendre une Dame, (*a*) belle comme l'a-mour, qui par le grand art des infpirations & par une fage œcono-mie de l'air intérieur, eft parvenue à phrafer long-temps avec tant d'ai-fance, qu'elle femble moins chanter que parler : aifance propre aux per-fonnes de qualité, & qu'on doit re-garder comme le dernier & le plus précieux fruit du talent & de l'art.

Je puis ajouter que les expériences ont confirmé la folidité de ma métho-de à bien des maîtres de Chant à qui

(*a*) Mme La Comteffe de M * * *

j'en ai fait part ; ils ont réuffi par fon moyen à tirer des fons moëleux, forts & gracieux, & d'une longue tenue, des organes les plus lourds. Quels miracles ne doit point opérer l'art fur des fujets bien organifés ?

La plûpart des gens, pour ne point connoître mes principes, ont l'air tout effoufflé dans le Chant, ne font entendre que le commencement des fons qu'ils forment, fe permettent des chûtes brufques, interrompent le fens d'une phrafe par plufieurs infpirations, & tombent dans une infinité d'autres fautes qui terniffent l'éclat des plus belles voix. C'eft ainfi que, faute d'art, demeurent inutiles bien des organes à qui il fuffiroit d'être dirigés.

CHAPITRE VI.

Moyens de corriger les vices des Organes.

LA PLUSPART des défauts de la voix naiffent des organes : je tacherai de faire fortir le reméde de la fource du

B v

mal. Il peut arriver que la cavité du poumon n'ait point allez d'étendue, & que parconféquent elle ne foit pas propre à recevoir une allez grande quantité d'air ; les cordes vocales font quelquefois trop courtes, trop tendues & trop déliées ; & alors les fons font-trop aigus ou trop aigres : certaines gens ont les rubans fonores, trop épais trop longs, ou trop relâchés ; & par-là même la voix trop grave ou rauque ; dans tous ces cas divers il y a des régles différentes à fuivre.

Pour peu qu'on fe rappelle ce que j'ai dit au commencement du chapitre précédent, on fe convaincra qu'il eft une maniere de fuppléer au défaut de capacité des poumons ; il n'y a pour cela qu'à s'habituer à faire de grandes infpirations , & à chaffer l'air intérieur en petit volume : par cet artifice, on fortifiera & l'on déguifera heureufement fa foibleffe.

Quand il eft queftion de corriger des voix aigres, on doit faire monter le larinx par dégrés infenfibles ; & ainfi les lévres de la glotte feront moins tendues , & les fons moins aigus : par la raifon des contraires,

lorfqu'il s'agit de former des fons
graves, il faut bien faire defcendre
le larinx , parcequ'alors les rubans
fonores feront plus relâchés & parconféquent les fons plus graves. Si
les fons qu'on rend , font trop aigus
d'un demi ton , les dégrés d'élévation
du larinx doivent être la moitié moindres , & les dégrés d'abbaiffenfent
la moitié plus confidérables.

Quand on a la voix trop grave ou
rauque , le larinx doit monter plus
qu'à l'ordinaire pour les fons aigus ,
& defcendre moins pour les fons
graves : l'excès de l'élévation du larinx
& la diminution de cet abbaiffement,
doivent juftement répondre au défaut
dont il s'agit. J'abandonne le détail
aux amateurs & aux gens à talent ;
pour un Philofophe le monde n'eft
qu'un point : aux yeux d'un Géo-
graphe les Empires , les Provinces,
les Villes , les Fleuves , les Rochers
même font des objets.

Il n'eft point furprenant que la
Phyfique fourniffe des moyens de
corriger les vices des organes , fi l'on
fait attention que le feul ufage met
en état un habile artifte de corriger

les inftrumens de mufique les plus
mauvais. Je connois des amateurs
éclairés qui m'ont affuré qu'à force
d'avoir réfléchi fur mes principes &
la nature de leurs organes, ils étoient
venus à bout de s'en créer en quelque
forte, & de chanter en dépit de la
Nature. Ce font-là de ces fuccès qui
doivent d'autant plus flatter, qu'on
ne les doit qu'à foi-même ; mais pour
y prétendre, il faut avoir bien des
connoiffances en fait de phyfique, &
être né obfervateur. Je penfe qu'on
ne regardera pas actuellement comme
un paradoxe, la propofition que je
vais avancer : *Qu'il n'y a prefque point
de perfonne fi mal organifée qu'elle
foit, qu'on ne puiffe faire chanter, &
même agréablement ; & que ce n'eft
point les voix qui manquent à la Mufique, mais l'art qui manque aux voix.*

CHAPITRE VII.

Tout l'Art du Chant envisagé précisé-
ment, eû égard à la voix, confiste
à faire monter & descendre à propos
le larinx & à bien inspirer & expirer.

CEUX QUI traitent des arts ne
sçauroient trop s'attacher à les présenter sous des idées sistématiques ;
offrir aux lecteurs une foule de régles,
c'est accabler la mémoire, c'est ef-
frayer l'esprit : il n'est pas aisé de
sçavoir toutes choses, même dans
un seul art ; mais il est aisé de sçavoir
les principes de tous les arts & de
toutes les sciences ; & ces principes
bien approfondis sont pour un artiste
éclairé une infinité de régles qui le
guident dans la pratique. C'est pour
ces raisons que j'ai réduit l'art du
Chant, considéré par rapport à la
voix, aux deux principes que j'ai indi-
qués ; ils suivent des Chapitres précédens, comme une conséquence suit
de son principe : une courte indu-

ction va le prouver. Il est évident par tout ce que j'ai dit jusqu'ici, qu'à proportion que le larinx s'élève ou s'abbaisse davantage, les sons deviennent plus ou moins aigus, plus ou moins graves ; qu'à mesure qu'on rend l'air intérieur avec plus ou moins de rapidité, ils sont plus ou moins forts ; que lorsqu'on fait sortir l'air des poumons avec plus ou moins de douceur, dans l'intervalle des tons, ils sont unis par des liens plus ou moins sensibles. Si on expire long-temps sur les sons, ils sont nourris & moëleux ; si on expire quelque temps & avec une certaine force, ils sont majestueux ; si on expire long-temps & mollement, ils sont tendres ; si on expire avec douceur & très-peu de temps, ils sont légers & gracieux ; enfin quand on sçait attirer une grande quantité d'air dans les poumons & le rendre ensuite en petit volume, on a une grande facilité à faire de longues phrases, & à exécuter avec tout le succès imaginable les divers agrémens. Ne semble t-il pas que je viens de tracer le portrait du beau Chant, envisagé précisément par rapport à

la voix ? Je n'ai fait cependant que
rapprocher des corollaires déduits des
principes que j'ai établis. Une supposition répandra encore de plus grands
jours sur cette matière. Supposons
qu'un artiste inventeur fasse un instrument semblable au larinx, &
qu'il attache à la glotte qu'il y aura
ménagée, des cordes d'une matière &
d'une figure analogues aux rubans sonores, en sorte qu'à l'aide de quelques
ressorts, on puisse tendre ou relâcher
ces premieres : supposons de plus qu'il
supplée les poumons par un soufflet ou
par quelqu'autre espéce de pompe ; il
est sur qu'il nous donnera d'après la nature un bicorde pneumatique : s'il l'in-
sinue dans le corps d'une statue de figure humaine, de maniere qu'on puisse
le faire jouer, il nous fera voir un
automate qui imitera parfaitement la
voix, & chantera les plus beaux airs.
L'art de jouer de ce nouvel instrument se réduiroit à faire mouvoir à
propos les ressorts qui tendent ou
relâchent les cordes ; à pomper l'air
& à le rendre avec force ou douceur,
en grand ou en petit volume. La
supposition est ici la réalité elle-même :

on peut regarder le larinx comme les reſſorts où ſont attachées les cordes de l'inſtrument ſuppoſé ; les poumons en ſont les ſoufflets ; l'inſpiration eſt l'art de pomper l'air ; l'expiration eſt l'art de le rendre.

Il ſuit de toute cette premiere partie que le Chant eſt du domaine de la Phyſique, & qu'il ſeroit à propos que les gens à talent & les amateurs l'a ſçuſſent à un certain point.

Je crains que bien des perſonnes ne me pardonnent point d'avoir avancé qu'il faut être Phyſicien, pour bien chanter. On me dira avec M. l'Abbé d'Olivet, un des hommes du monde, qui remplit le mieux toute l'étendue du titre d'Académicien, on me dira, dis-je, qu'on a bien chanté, & qu'on chantera bien encore ſans le ſecours des ſciences. J'oſe répondre que ç'a été & que ce ſera tant pis pour la Muſique. Il eſt à préſumer que ſi des Sçavans bien organiſés tournoient leurs réflexions du côté du Chant, ils perfectionneroient autant cet art que tous ceux dont ils ſe ſont mêlés. La plûpart des ouvriers avoient fait juſqu'aujourd'hui, avec le ſeul ſecours de la routine des Télescopes & des Clavecins : deux Sçavans illustres ont bien voulu devenir Artistes : l'un (*a*) a inventé des Télescopes propres à dévoiler tous les mysteres de la Géographique cœleste : l'autre (*b*) a créé un Clavecin oculaire , & parconséquent une Musique pour les yeux : il leur a rendu sensibles les plus beaux airs , les plus brillantes sonnates ; & par la réunion de deux Musiques différentes , il a sçu faire entrer dans l'ame , comme par deux portes , l'harmonie & le plaisir.

Il est hors de doute , que si des Sçavans nés avec de beaux organes vouloient faire une étude particuliere du Chant , ils laisseroient bien loin derriere eux la foule des chanteurs , & qu'ils nous feroient admirer des prodiges inouis ; mais il arrive presque toujours , je ne sçais pas quelle fatalité, que les Philosophes ne sont point Artistes , & que les Artistes ne sont point Philosophes.

Si l'on fait attention à tout ce que j'ai dit dans cette premiere Partie , on conclura que les arts les plus agréables

(*a*) Dom Noel.
(*b*) P. Castel.

par le spectacle qu'ils préfentent à nos
fens, font pour l'ordinaire tout férieux dans leurs élémens ; fans doute, parce que les principes d'où ils
dérivent font du domaine de l'enten-
dement, & que celui de l'imagination ne commence que là ou le premier finit. Les Arts envifagés fous de
certains rapports reffemblent fort à
nos théâtres d'opéra, qui, d'un côté,
n'offrent que des objets gracieux, je
veux dire, des païfages variés avec
goût, des perfpectives merveilleufes,
des palais d'un ordre d'architecture admirable, des vols hardis & inefpérés
de Divinités; & qui, d'une autre part,
ne préfentent que des cordes, des
leviers & des machines de divers genres. Les Dames ne fongent qu'à examiner les décorations : un Philofophe
fe tourmente à examiner les reffort
qui les ont produites.

SECONDE PARTIE.

Le Chant compoſé, ou la Déclamation chantante.

DIVISION DE LA SECONDE PARTIE.

Si le Chant n'employoit que les ſons primitifs pour tracer ſes tableaux, & pour former ſes images , il ne différeroit guères de la muſique inſtrumentale ordinaire ; mais il s'eſt approprié certaines modifications de la voix plus compoſées , je veux dire les paroles : il a de plus exigé des geſtes , & en offrant à l'ame des ſenſaſions & des idées , il eſt devenu la ſource de bien des agrémens , & a exercé un empire également doux & violent. On peut juger par-là de la marche des Arts , & comment ils s'élevent inſenſiblement à leur perfection. Les progrès du Chant ſont décrits avec feu & ſyſtême dans l'Enciclopédie , au mot *déclamation*, article premier. Voici comment on s'exprime. » Les accens de la joye, de » l'amour & de la douleur, font les » premiers traits que la Musique s'est » proposée de peindre : l'oreille lui » a demandé l'harmonie, la mesure » & le mouvement : d'où la mélop- » pée. Pour donner à la Musique plus » d'expression & de vérité, on voulut » articuler les sons donnés par la na- » ture, c'est-à-dire, parler en chan- » tant : mais la Musique avoit une » mesure & des mouvemens réglés; » elle a donc exigé des mots adaptés » aux mêmes nombres : d'où l'art des » vers. Les nombres donnés par la » Musique & observés par la Poësie, » invitent la voix à les marquer : d'où » l'art rithmique. Le geste a suivi na- » turellement l'expression & le mou- » vement de la voix : d'où l'art hy- » pocritique, ou l'action théatrale, » que les Grecs appelloient *orchesis*, » & que nous avons pris pour la dan- » se. « Comme la déclamation chantante renferme dans son idée, l'articulation, la prononciation & les gestes, je traiterai de tous les trois, considérés par rapport au Chant.

CHAPITRE PREMIER.

Organes de l'Articulation, leur jeu, & combien il est essentiel de bien finir les mouvemens d'où résulte l'Articulation.

L'INSTRUMENT de l'Articulation est plus composé que celui de la voix : outre qu'il comprend tous les organes qui composent ce premier, il en a d'autres particuliers, je veux dire, la langue, le palais, les dents, les lévres & même le nez; ce sont leurs mouvemens qui donnent l'Articulation.

La langue qu'on doit regarder comme son principal ressort, a une grande facilité à tempérer par son humidité la trop grande vitesse de l'air : infiniment mobile de sa nature, elle peut aussi lui donner toutes les modifications qu'il lui plaît, en le poussant vers les diverses parties de la bouche. Le palais est concave, & par-là même très-propre à rassembler l'air qui sort de la glotte, & à le réflé-

chir : les dents par leur dureté & leur
élasticité naturelles , sont capables de
vibrer l'air , & de conspirer à la formation des sons aigus : les lévres peuvent se tendre ou se relâcher , & par-
là même contribuer à la génération de
ces mêmes sons : on doit rapporter la
propagation des sons , en plus grand
ou en moindre volume , à la liberté
qu'a la bouche de s'ouvrir plus ou
moins.

Comme les différentes inflexions
des rubans sonores donnent toutes les
voyelles , de même la diversité du
jeu des organes de la bouche produit
toutes les consonnes. La liaison des
lettres se fait par une sorte de frémis-
sement , qui persévére dans les organes après la formation de chaque lettre. On peut appliquer à cette matière tout ce que nous avons dit de la
liaison des tons.

On doit regarder la variété des
mouvemens des organes , comme la
source de tous les modes de l'Articulation : le développement ou la précision de ces mouvemens opérent du
développement , ou de la précision
dans l'Articulation : leur force ou leur

douceur, décide sa force ou sa douceur : leur courte ou longue durée,
est la source de sa rapidité ou de sa
lenteur.

Tout le monde conçoit maintenant
qu'il ne seroit pas impossible d'apprendre à des sourds de naissance à
articuler : il n'y auroit qu'à leur enseigner à donner par imitation à leurs
organes les mouvemens d'où naissent
les lettres, les syllabes & les mots, &
qu'à leur montrer les objets, dont ces
derniers sont signes. On peut pousser
plus loin les corollaires qui suivent
de la connoissance exacte de la mécanique de l'Articulation.

On pourroit imaginer & faire une
langue, un palais, des dents, des
lévres, un nez & des ressorts dont
la matière & la figure ressemblassent
le plus parfaitement qu'il seroit possible à ceux de la bouche : on pourroit
imiter le jeu qui a lieu dans ces derniers pour la génération des paroles :
on pourroit deplus ménager ces organes factices dans l'automate dont
j'ai parlé. Dès-lors, il sera capable de
chanter, non-seulement les airs les
plus brillans, mais encore les plus

beaux vers. Voilà un phénomène qui demanderoit toute l'invention & l'induftrie des Archimede, ou bien des Vaucanfon, & qui étonneroit toute l'Europe fçavante.

Les perfonnes qui veulent atteindre à la perfection du Chant, ne fçauroient trop s'attacher à bien finir les mouvemens des organes : le Chant compofé emprunte d'eux la moitié de fon être : avec le fecours des lettres combinées, il préfente à l'ame des fignes dont les hommes font convenus, pour fe rendre mutuellement fenfibles leur efprit & leur cœur.

Ce qui fait encore mieux fentir le prix de la belle Articulation, c'eft la gloire qui revient aux chanteurs des difficultés vaincues ; il en coute infiniment de donner au jeu des organes la force ou la douceur, la variété ou la durée convenables, parceque les fons extrêmement diverfifiés de la Mufique multiplient les difficultés de l'exacte Articulation : auffi n'arrive-t-il que trop fouvent, que des gens élevés & inftruits dans le fein de la Capitale, & qui articulent bien dans la converfation & dans la déclamation

ordinaire,

ordinaire, articulent très-mal dans le Chant. Ces défauts doivent être plus communs aux provinciaux & aux étrangers, qui font loin de la fource de notre langue, je veux dire, la Cour. Comme les uns & les autres font habitués à déterminer leurs organes à de certaines inflexions qu'exigent les idiômes qu'ils parlent, il eft à craindre que ces mêmes organes ne foient pas difpofés à des inflexions différentes, contraires, ou même oppofées : c'eft de-là fur-tout, que dérive le mauvais accens des provinces & des nations voifines ; accent qui eft encore moins défagréable dans la converfation que dans le Chant, ou l'articulation eft communément plus lente, & où parconféquent les defauts fe font plus remarquer. Bien loin de fe décourager à la vûe des obftacles, on doit en conclure l'importance de la belle Articulation, & redoubler fes efforts. L'Académie des Sciences me fçaura peut-être gré d'avoir défriché un champ inculte, & d'avoir fait part au Public de mes Obfervations *Phificho-Anatomiques.*

C

CHAPITRE II.

Définition de l'Articulation : régles
sur cette matière.

LES ÉCRIVAINS qui ont traité jufqu'apréfent de l'articulation & de la
prononciation, n'ont point affez di-
ftingué l'une de l'autre : ce n'eft point
ici le lieu de démêler les différences
qu'il y a entre elles.

Il fuit de ce que nous avons dit
dans le Chapitre précédent, que l'Articulation n'eft que l'art de bien faire
fentir en chantant les lettres & les
fyllabes de chaque mot ; ou, ce qui eft
le même, qu'elle n'eft que l'art de
finir avec une certaine force & précifion les mouvemens des organes d'où
réfulte la formation des lettres. On
peut dire en général, qu'on ne doit
point précipiter ces fortes de mouvemens ; mais leur donner le temps de
ceffer par des ofcillations infenfibles :
par ce moyen, les fons ne feront

point confondus, & on ne se fatiguera
pas : car un mouvement fort lent,
comparé à un mouvement rapide,
doit être regardé comme un repos.

C'est de la nature du Chant que dérivent bien des régles particulieres sur
l'Articulation. On doit beaucoup appuyer sur les dernieres syllabes, pour
qu'elles ne soient point perdues : on
doit aussi exagérer son Articulation :
c'est que l'oreille des auditeurs est oc-
cupée à recevoir à la fois l'impression
des tons & celle des paroles, & que,
par-là même, elle est divisée ; il faut
donc que la force de l'Articulation supplée à cet inconvénient.

L'Articulation doit être plus ou
moins exagérée dans de certains cas ;
& il y a des régles sûres pour déterminer ces dégrés : elles sont tirées de
la distance où les personnes qui chantent sont des Auditeurs : si l'on est
loin de ces derniers, au théâtre, par
exemple, l'Articulation doit être con-
sidérablement exagérée ; c'est que les
sons perdent beaucoup de leur force
pour se rendre au parterre ; il faut
donc leur en donner beaucoup, pour
qu'il leur en reste suffisamment : il en

est de cette sorte d'Articulation, comme des objets destinés à être vus de loin ; leurs proportions, leur figure, tout doit être d'une grandeur démésurée : c'étoit pour se conformer à ce principe que dans l'ancienne Rome les Acteurs se renfermoient dans une sorte de statue Colossale, & qu'ils en faisoient mouvoir habilement les ressorts.

Il est aisé de comprendre que le lieu le plus propre à voir & à entendre nos Opéra (car ces sortes de spectacles sont également faits pour les yeux & les oreilles) c'est le parterre. C'est-là que les sons & les objets se présentent dans leur état naturel : les uns & les autres s'offrent aux gens qui sont sur le théâtre , avec les traits de la rudesse & de l'exagération ; l'usage a cependant prévalu : il est du bel air de payer beaucoup plus , pour avoir moins de plaisir , & le bel air est un tiran dont nos Seigneurs & la Nation n'oseroient secouer le joug.

L'on n'est pas toujours à une grande distance des Auditeurs : on chante dans les compagnies. L'on doit pourlors , exagérer très-peu son Articulation ; c'est que les sons arrivent aisément tout entiers à leur terme. Quand on est près d'une personne aimable, l'Articulation ne doit presque point être exagérée ; elle doit être légère & tendre : on pourroit demander à ceux qui en usent autrement dans ces derniers cas, s'ils prennent la salle où ils chantent pour le théâtre, & les gens assis auprès d'eux pour le parterre.

CHAPITRE III.

Art & utilité de doubler les Consonnes.

LES personnes émues par quelque passion doublent, ou (ce qui est le même) préparent ou retiennent ordinairement les consonnes dans l'Articulation, soit que le sentiment veuille se peindre, non-seulement, dans chaque mot & chaque syllabe, mais encore dans la plûpart des lettres ; soit qu'il régne alors un certain trouble dans les organes, qui fait que les mouvemens qui donnent les consonnes persévèrent trop long-temps, seul & vrai moyen de les rendre deux fois. J'avertis que lorsque dans le cours de ce Chapitre, on trouvera le terme générique de *lettres*, il faudra entendre les confonnes : ce font les feules que j'ai prétendu défigner. Dans les paffions férieufes & violentes, comme la terreur, le défefpoir, l'amour de la gloire &c. il régne un trouble extrême & une grande agitation dans nos organes ; c'eft pourquoi la continuation des mouvemens dont nous venons de parler fera caufe que les lettres feront doublées fortement & pendant un temps confidérable. Dans les paffions tranquilles & aimables, comme l'amitié & l'amour, il ne régne que peu de trouble & d'agitation dans nos organes ; auffi la perfévérance de leur jeu fera que les confonnes feront retenues avec douceur & très-peu de temps ; car, dans ces derniers cas, comme dans les premiers, la durée de la préparation des lettres doit juftement répondre aux dégrés des paffions.

De ce que je viens de dire, on peut déduire cette régle : *On doit doubler les confonnes plus ou moins fortement, plus ou moins de temps, felon que l'exigent les diverfes efpèces des paffions, leurs dégrés & leur mélange.* Cette régle ne doit avoir lieu que pour les confonnes initiales, pour ne point introduire de lenteur & de défordre dans l'Articulation. J'ai appris avec fatisfaction, que cette régle eft celle que fait obferver M. Mion, qui a prodigieufement réfléchi fur tout ce qui a rapport à fon art.

Il eft bon de prévenir que quand les Maîtres de Chant copient de la Mufique pour leurs Ecoliers, il conviendroit qu'ils écrivilfent deux fois les lettres qu'il faut préparer, enforte que, comme on verra plus bas, les fecondes lettres fuffent au-delfus des premieres, & qu'elles fulfent plus ou moins grandes, felon qu'on doit les doubler avec plus ou moins de force, & pendant un temps plus ou moins confidérable. Je vais développer le principe que j'ai établi, autant que le demande fon importance.

Quand il queftion d'exprimer dans le Chant une grande pafſion & fes progrès, la force & la durée de la préparation des lettres doivent croître avec la pafſion qu'on fe propofe de peindre : cette régle doit furtout avoir lieu pour les vers de l'Opera d'*Atis* où la terreur s'éléve par dégrés à fon comble.

C iv

Ciel ! quelle vapeur m'environne !

Tous mes sens sont troublés ;

Je frémis ; je frissonne ;

Une infernale ardeur

Vient enflâmer mon sang , & dévorer mon cœur.

Dieux ! que vois-je ? le Ciel s'arme contre la terre.

Quel désordre ! quel bruit ! quel éclat de tonnerre !

Quels abîmes profonds sous mes pas sont ouverts !

Que de phantômes vains sont sortis des enfers !

Sangaride , ah ! fuyez le sort que vous prépare

Une Divinité barbare.

On ne sçauroit trop s'attacher à retenir avec effort & long-temps les consonnes dans l'endroit que nous allons rapporter de l'Opera de *Rolland*. Ce Héros inftruit & perfuadé qu'on lui préfére un rival, entro dans un trouble & un défefpoir extrême ; les enfers lui paroiffent s'ouvrir fous fes pieds : il croît voir une Furie : il lui parle & s'imagine qu'elle lui répond.

B·
Barbare ! ah ! tu me rends au jour ?

Q   S
Que prétends-tu ? ô fupplice horrible !

                                    T
Je dois montrer un exemple terrible

        T   F
Des tourmens d'un funefte Amour.

L'endroit fuivant (*a*) où le Poëte & le Muficien repréfentent avec vivacité & génie les tranfports d'un guerrier, dont l'humeur martiale appelle les hazards, exige qu'on prépare long-temps & avec force les lettres.

T   F
Tonnez fiers ennemis, frappez ; que le bi-

        S
thume s'allume :

                V   B   C
Que le falpêtre en feu vole, brule & fe confume :

(*a*) *Recueil de Mufique de M. de la Garde.*

C v.

Que l'enclume & les marteaux

Par des coups redoublés fassent trembler la
terre :

Que sans cesse Vulcain forge un nouveau
tonnerre :

Tonnez, frappez ; ce bruit plaît aux Héros.

Les chanteurs doivent avoir soin
dans les passions tranquilles & tendres
de doubler avec douceur & peu de
temps les consonnes. On doit toutefois avoir égard à l'expression que demande le caractere des paroles. On
doit observer ces régles dans cet endroit de l'Opéra de *Castor & Pollux*,
où ce dernier fait à l'amitié cette in-
vocation dictée par le sentiment & la
délicatesse.

Présent des Dieux, doux charme des
humains,

O divine amitié, viens pénétrer nos ames :

Les cœurs éclairés de tes flâmes,
Avec des plaisirs purs n'ont que des jours
sereins :

T
C'eft dans tes nœuds charmans que tout eft
jouiffance ;

B
Le temps ajoûte encor un luxe à ta beauté :
L'Amour te laiffe la conftance,

V
Et tu ferois la volupté ,
Si l'homme avoit fon innocence.

Il convient de retenir les lettres
avec beaucoup de douceur dans la
mufette pleine de délicateffe que
chante un Berger Egyptien dans les
fêtes de l'*Himen* & de l'*Amour*.

P
Ma Bergere fuyoit l'Amour,
Mais elle écoutoit ma mufette :
Ma bouche difcréte

P
Pour ma flâme parfaite

N'
N'ofoit demander du retour :

C
Ma Bergere auroit craint l'Amour ;
Mais je fis parler ma mufette.

T
Ses fons plus tendres chaque jour

S
Lui peignoient mon ardeur fecréte :

C vj

c
Ma Bergere auroit craint l'Amour,
Mais je fis parler ma Musette.

Si les passions, l'amour & la jalousie,
par exemple, sont mêlées ensemble, on
doit préparer les consonnes avec force & douceur tout à la fois ; on doit
s'assujettir à cette régle dans l'endroit
de l'Opéra de *Psiché* que nous allons
rapporter. Cette Princesse enlevée
passe de la terreur à une aimable sur-
prise; elle rencontre l'*Amour*, ce Dieu
qu'elle ignoroit, au lieu du monstre
qu'elle attendoit ; elle s'abandonne
avec ingénuité aux charmes d'une flâme
naissante : elle souhaite que ses parens
instruits de son enlevement, le soient
de son sort ; quand l'Amour offensé de
ce souhait qui partage un cœur, où
il voudroit régner seul, lui exprime
ainsi, & sa tendresse & sa jalousie :

s   T
Je suis jaloux, *Psiché*, de toute la nature :

T
Les rayons du Soleil vous baisent trop sou-
Vent ;

T
Vos cheveux souffrent trop les caresses du
vent :

M
Dès qu'il les flatte j'en murmure. ;

L'air même que vous respirer,

Avec trop de plaisir passe par votre bouche ;
Et si-tôt que vous soupirez,

Je ne sçais quoi qui m'effarouche,

Craint parmi vos soupirs des soupirs égarés.

C'est ainsi que le grand Corneille à
l'âge de soixante-huit ans faisoit parler l'Amour : ce Dieu ne l'eût pas,
je crois, désavoué. Je borne ici
mes citations ; il me suffit de dire,
que la régle que j'ai établie s'étend à
presque tous les genres de Chant, &
que dans l'art de doubler les lettres,
selon que les passions croissent, varient ou se mêlent : il y a bien des
nuances & des différences à remarquer. Je me dispenserai de distinguer
les unes & de déterminer les autres.
Je me reposerai de ce soin sur la sagacité & le goût de mon Lecteur.

Je viens de mettre dans les mains
des Maîtres à chanter un moyen d'a-
nimer les sujets les plus insensibles, &
de faire passer dans leur bouche des

fentimens qui ne fçauroient être dans leur cœur : on a réuffi en faifant pratiquer la méthode que j'ai enfeignée, à donner dans le Chant des airs de haine & de défefpoir à des gens faits pour les ignorer ; à donner des airs d'amour à des perfonnes qui étoient à un âge où ce Dieu eft encore un myftère : enfin à donner à bien des gens les airs des paffions qui leur étoient le plus étrangères.

Il eft étonnant qu'à Rome & à Athènes, où l'éloquence préfidoit aux affaires particulières & publiques ; où elle armoit & défarmoit les Citoyens ; où elle préfidoit à l'élection des Magiftrats & des Généraux d'armées ; il eft étonnant, dis-je, que dans des Villes, où les efprits avoient les plus puiffans intérêts de porter l'éloquence, & parconféquent, la déclamation à fa perfection, on n'y ait point connu l'art de retenir les confonnes, art qui eft l'ame de la déclamation ainfi que du Chant.

Il eft certain que les Auteurs Grecs & Latins ne nous ont point appris que cette découverte eût été faite, & on ne peut pas croire raifonnablement

qu'Ariftote , Cicéron & Quintilien
nous l'euffent laiffé ignorer.

J'aurois envain appris aux chanteurs à rendre fenfibles , & à animer
les paroles par l'Articulation , fi je ne
leur enfeignois l'art de leur donner de
l'harmonie & de l'expreffion par la
Prononciation.

C H A P I T R E IV.

Définition de la Prononciation ; &
qu'il eft important de bien prononcer
dans le Chant.

L A PRONONCIATION chantante
comme la Prononciation ordinaire ,
confifte à ne point donner aux lettres
d'accent étranger : elle dépend beaucoup de la connoiffance pratique des
breves & des longues, des è ouverts &
des é fermés : elle eft affujettie en ce
genre à des régles fixes & déterminées.

Elle doit de plus conferver aux
mots leur caractère d'expreffion : les
loix qui dirigent à cet égard les amateurs & les gens à talent varient à l'in-

fini , à cause des mitigations dont elles font fusceptibles : on doit faire
attention à tous les dégrés & à toutes
les nuances des paffions. C'eft au fentiment de les faifir , au talent & à
l'Art de les rendre.

Il me femble qu'il y a bien des différences à démêler entre la Prononciation & l'Articulation : l'une n'a
prefque pour objet que les lettres el-
les-mêmes : l'autre a pour objet leur
mefure & leur caractère particulier
d'expreffion : l'une fe propofe furtout
d'offrir des fons nets & diftincts , forts
ou foibles : l'autre ne prétend rien
moins que charmer les oreilles , &
peindre à l'efprit par des fons harmonieufement & pittorefquement modi-
fiés : auffi fon champ eft très-vafte.

Si l'on obferve que le Chant n'eft
qu'une déclamation plus embellie que
la déclamation ordinaire , on conce-
vra qu'on doit s'y foumettre au joug
de la Profodie Françoife. Les lan-
gues font des Divinités : tout ce qui a
rapport à elles eft facré.

CHAPITRE V.

Doute sur les effets de la belle Prononciation, par rapport à l'harmonie de la Langue Françoise : régles à ce sujet.

LA PLUSPART de nos expressions sont terminées par des e muets, ou par des consonnes, dont quelques-unes sont nazales ; il n'est pas possible que l'oreille n'en soit infiniment offensée. A l'aide de la Prononciation ne pourroit-on pas corriger ces défauts, tirer un grand avantage des voyelles qui entrent dans la formation des termes François, & par-là même, ajouter beaucoup à l'harmonie de notre Langue ?

L'e muet naturellement opposé au beau Chant ne rend qu'un son sourd : aussi la Prosodie Françoise qui n'exige qu'une syllabe pour la rime masculine en exige-t'elle deux pour la féminine ; c'est pour cette même raison que l'articulation chantante & l'expression de

la Mufique , demandent qu'on ap-
puye fur cette lettre quand elle eft
placée à la fin des mots. On ne fçauroit le faire fans que les mouvemens
des organes qui produifent l'*e* muet
foient continués ; & pour-lors, on
rend à peu près la diphtongue *eu*, mais
non *éü*, comme de certaines gens
l'ont malignement interprétée. Cette
régle ne doit avoir lieu que dans le
cas dont je viens de parler : lui donner plus d'étendue , ce feroit faire
changer en quelque forte de nature à
la plûpart de nos expreffions.

Cette efpèce de Prononciation fut
connue dans le feiziéme fiécle d'un excellent Maître à chanter , qui compofa
néanmoins un fort mauvais Livre fur
un Art dont il connoiffoit à fond la pratique ; tant il y a loin quelquefois du
talent à l'efprit ! Voici comment il
s'explique. (*a*) ,, Pour ce qui eft du
,, Chant l'*e* muet étant bien plus long
,, que les autres , demande bien plus
,, d'exactitude & de régularité pour la
,, Prononciation que les autres voyel-

(*a*) Remarques curieufes fur l'Art de bien
chanter , & particulièrement pour ce qui
regarde le Chant François , p. 166.

» les ; & je ne vois rien de si général
» que de le mal prononcer, & de si
» difficile à corriger, à moins que
» d'observer soigneusement le remède
» que je crois avoir trouvé, qui est de
» le prononcer à peu près comme la
» voyelle composée *eu*. «

La régle que j'ai prescrite est gar-
dée rigoureusement par nos fameux
Chanteurs, &, en particulier, par
MM. Chassé, Jéliotte, & par Mlle
Fel : ces deux derniers & M. de Cahusac ont finement observé que la
Prononciation dont il s'agit approche
fort de celle de l'*o* doux. Bien des
Artistes le changent mal à propos en
un gros *o* dur ; sorte de métamor-
phose ignoble, & qui ne peut que cho-
quer les graces du Chant.

Les remarques que je viens de faire
affoiblissent infiniment une des plus
fortes raisons qu'ait fait valoir contre
notre Musique un Auteur encore plus
éloquent que Philosophe, quoiqu'il
le soit beaucoup.

Les autres voyelles donnent des
sons extrêmement simples : on doit les
regarder comme les expressions de la
nature : il faut insister sur elles dans
le Chant, surtout lorsqu'il y a quel-

que agrément à y exécuter : il ne convient point toutefois de les séparer des consonnes auxquelles elles doivent naturellement être unies : voilà, ce me semble, ce qu'on peut dire de plus sensé sur cette matière.

Il faut se précautionner avec soin contre les régles nouvelles qu'on pourroit prescrire ; qu'on se souvienne que l'Académie Françoise est seule dépositaire de notre langue, & qu'elle seule a droit de porter des loix ; qu'on fasse de plus attention que la plûpart des Prononciations imaginées jusqu'ici, ont été avec raison fort mal accueillies du Public, qu'elles tendent à multiplier les syllabes des mots, à augmenter parconséquent la valeur des notes, & à défigurer tout à la fois, & notre Langue & notre Musique.

CHAPITRE VI.

*Division des différentes sortes de Pro-
nonciations : leurs avantages.*

ARÉTIN, Moine Ferrarois, est
célébre pour avoir distingué le Chant
en trois espéces, en Chant dur, en
Chant doux & en Chant naturel, lequel participe des deux premiers :
j'ose en ajouter deux nouvelles, le
Chant obscur & le Chant clair. On
doit admettre tout autant de Prononciations ; elles semblent être faites
pour exprimer vivement certains
bruits, ou certains sentimens, qu'elles se proposent d'imiter ; elles peignent avec vigueur, énergie & vérité les plus grandes passions ; elles sçavent présenter aux oreilles, à l'esprit
& au cœur, le tableau des passions
les plus sérieuses & les plus terribles,
les plus tendres & les plus aimables ;
elles sont dans le Chant ce que les
couleurs sont dans la Peinture : enfin
elles sont la source d'une infinité de
plaisirs qui ont leurs racines dans l'i-
mitation de la nature.

CHAPITRE VII.

Quel jeu mécanique d'Organes exigent les différentes Prononciations , & quand doit-on en faire usage ?

LA FORCE des mouvemens des organes qui donnent la génération des paroles peut croître, & alors la prononciation deviendra plus dure : leur douceur peut augmenter, & la prononciation deviendra plus douce ; ils peuvent n'être ni doux ni forts & déterminés à une juste médiocrité, & la prononciation sera naturelle : l'air vibré par les organes peut être plus ou moins retenu dans la bouche, & la prononciation sera plus ou moins obscure : on peut laisser à ce même air une sortie plus ou moins libre, tendre plus ou moins les organes, donner plus ou moins de développement à leur jeu, & la prononciation sera plus ou moins claire. Je viens d'établir les principes physiques d'un traité entier sur la prononciation : la

déclamation de la Chaire , celle du
Bareau & celle du Théatre , sont
encore de leur domaine. J'ai fait connoître les ressorts des diverses prononciations , il me reste à enseigner
quand elles doivent avoir lieu.

L'usage qu'il convient d'en faire
doit être décidé par le caractère des
paroles : ce caractère est déterminé par la nature des objets que
celles - ci représentent ; elles peuvent être signes d'objets sérieux ,
terribles ou tristes ; d'objets frivoles ,
aimables , gais ou indifférens ; d'objets divers ou même opposés mêlés
ensemble ; d'objets qui deviennent
plus tristes ou plus gais par dégrés ;
d'objets terribles qui succédent à des
objets aimables : elles peuvent exprimer des objets analogues entr'eux ,
ou qui ayent les airs des objets opposés : dans toutes ces suppositions la
prononciation doit varier.

Il faut qu'elle soit dure lorsque les
vers qu'on chante représentent des
bruits terribles : on ne sçauroit trop
appuyer sur la prononciation , & lui
donner trop d'obscurité dans cet endroit de la cantate de *Circé*,où le Poëte
peint avec feu les effroyables effets

des enchantemens de cette célèbre
magicienne :

> La Terre tremblante
> Frémit de terreur ;
> L'Onde turbulente
> Mugit de fureur ;
> La Lune fanglante
> Recule d'horreur.

On doit imprimer un caractère de
dureté & d'obfcurité à la prononciation, dans tous les endroits férieux, &
toutes les fois que les paroles expriment des paffions terribles, comme
quand il eft queftion de difcours d'un
grand Prêtre, d'oracles d'une Divinité, des jaloufies d'un Cyclope, du
défefpoir d'Armide, du couroux de
Neptune, de la fureur des Démons
qui dans *Caftor & Pollux*, pour ef-
frayer ce dernier qui va chercher fon
frere aux enfers, exhalent ainfi leur
rage :

> Brifons tous nos fers ;
> Ebranlons la terre ;
> Embrâfons les airs ;
> Qu'au feu du tonnerre
> Le feu des enfers
> Déclare la guerre.

Qu'on

Qu'on ne se permette qu'une prononciation extrêmement obscure,
c'est-à-dire étouffée dans le pathétique larmoyant, comme dans ces
vers tirés du commencement de la
Cantate de *Circé* : cette princesse
tient les yeux fixés sur les flots ; elle
croit voir encore la trace du vaisseau
d'Ulisse qui la fuit ; elle fait parler
ainsi sa douleur & son amour à ce
héros volage :

> Cruel auteur des troubles de mon ame ;
> Que la pitié retarde un peu tes pas ;
> Et si ce n'est pour partager ma flâme,
> Reviens du moins pour hâter mon trépas.

Des paroles destinées à peindre des
bruits gracieux, par exemple, le murmure d'un ruisseau ou le Chant des
oiseaux, doivent être prononcées
d'une maniere douce & claire : on ne
sçauroit rendre avec trop de douceur
& de clarté ce discours que l'Aurore
après avoir surpris son amant dans
les bras du sommeil, adresse (*a*)
aux ruisseaux, aux oiseaux & aux
Zéphirs :

_____

(*a*) Cantate de *Céphale*, par Rousseau.

D

> Vous qui parcourez cette plaine ;
> Ruisseaux , coulez plus lentement ;
> Oiseaux , chantez plus doucement ;
> Zéphirs , retenez votre haleine.

Il faut prononcer doucement & clairement dans les endroits qui expriment les passions tranquilles , tendres & aimables , comme dans les Ariettes , les Brunettes , les Vaudevilles , & tous les morceaux badins , tendres & galants. On doit faire usage de cette espéce de prononciation , dans la premiere scène du cinquiéme acte de l'Opéra d'*Armide* : cette princesse veut s'éloigner pour quelques instans de Renaud , afin d'aller prévenir les malheurs qu'elle appréhende : elle fait part à son amant du sujet de ses frayeurs ; elle lui dit qu'elle craint que la gloire & le devoir ne viennent traverser leurs amours ; celui-ci répond tendrement :

> Vous aimer , belle Armide , est mon premier
> devoir :
> Je fais ma gloire de vous plaire ,
> Et tout mon bonheur de vous voir.

Les vers qui n'ont point de caractère marqué, je veux dire qui figni-
fient des chofes indifférentes, n'exigent qu'une prononciation naturelle :
cette régle s'étend à prefque tous ceux
qui font confacrés à préparer les fcènes,
ou à les lier entr'elles, comme ceux-
ci de l'Opéra de *Cadmus*.

Cadmus veut effayer de rendre Mars propice,
C'eft ici qu'il prétend offrir un facrifice.

Quand les paroles expriment à la
fois la naïveté, la fineffe & la majefté, la prononciation doit être dure
& douce, obfcure & claire ; on doit
pour lors imiter Mr Chaffé qui joue
avec tant de vérité le rolle de Jupiter,
dans l'Opéra d'Aégle. Le Maître de
l'Olympe, caché fous le nom & les
traits de Myfis, vient attendre Aégle
dans un bocage enchanté : il confie
aux arbres & fes feux & fon efpoir.
Mr Chaffé, qui, comme je l'ai dit,
repréfente ce Dieu, paroît fur la
fcène avec un air fimple, tendre &
majeftueux : on entrevoit à fa prononciation pleine de douceur & de
fineffe que c'eft un berger ; on com-

prend à la majesté de cette même prononciation que c'est le Maître des Dieux qui chante : la passion qui anime ses accens , annonce qu'Aéglé est infiniment belle & aimable , puisqu'elle fait tout le bonheur de Jupiter.

Si les paroles représentent les dégrés d'accroissement d'une passion , il faut que la prononciation devienne plus dure ou plus douce , plus obscure ou plus claire; si elles expriment le passage d'une passion à une autre opposée, par exemple , de la tristesse à la joie : une prononciation claire doit succéder à une prononciation obscure ; lorsqu'elles expriment le passage d'une passion à un autre analogue , comme de l'amitié à l'amour , il convient d'adoucir & d'éclaircir par dégrés presque insensibles la prononciation ; quand elles représentent une passion qui a les airs d'une autre passion contraire , comme un espoir inquiet , il doit régner dans la prononciation un certain mêlange de dureté & de douceur , d'obscurité & de clarté ; une personne éclairée saisit toutes ces nuances , ces différences & ces gradations , & elle les fait sentir dans la déclamation, tandis qu'elles échappent à un chanteur médiocre. On peut dire que les arts ont leurs myſtères, & qu'ils n'en révélent la connoiſſance qu'à peu de gens.

CHAPITRE VIII.

De l'Action propre au Chant.

L'ACTION en général, telle qu'on doit l'entendre ici, eſt l'art de peindre le ſentiment, par le mouvement de certains de nos membres, par l'air du viſage & par-tout le maintien du corps. On peut regarder les geſtes comme une langue naturelle & univerſelle ; elle auroit dû être celle d'Adam & d'Eve, ces fondateurs de l'humanité : elle eſt encore aujourd'hui celle des ſourds, réduits à cet égard à la ſeule nature.

L'Action chantante eſt l'art dont il s'agit, appliqué aux paroles miſes en muſique : auſſi le jeu des Acteurs doit varier autant que ces dernieres, ou plûtôt autant que les paſſions exprimées par les paroles, & elle doit em-

prunter leur caractère : c'eſt pourquoi l'on doit faire briller ſur nos
théatres lyriques , tantôt des graces
fières , tantôt des graces ingénues ,
tantôt des graces ſérieuſes , tantôt des
graces enjouées ; quelquefois des graces vives & piquantes , & d'autre fois
des graces négligées & tendres.

On comprend que le jeu d'un chanteur doit être exagéré au théatre , &
qu'il doit être bien moins chargé que
celui d'un ſimple déclamateur ; la
raiſon eſt que l'on inſiſte davantage
ſur les ſentimens dans le Chant , que
dans la Déclamation de la Tragédie
ou de la Comédie. On conçoit auſſi
que ce jeu doit être beaucoup moins
animé & chargé hors de nos théatres :
preſque toute l'action d'une perſonne
qui chante dans les compagnies doit
être ſur ſon viſage.

Comme la Muſique inſiſte plus
long-temps ſur les notes dans les
paſſions nobles & ſérieuſes , que dans
les paſſions gaies & enjouées , l'on
doit ſe permette beaucoup moins
d'action dans le récitatif de nos Opéra,
que dans les Vaudevilles de la Comédie Italienne , & de l'Opéra Comi-

que : il eſt aiſé de deviner pourquoi le jeu des Italiens eſt plus chargé que celui des François. Comme les geſtes réſultent de certains mouvemens, il convient de les conſidérer en eux-mêmes, & de preſcrire des régles à cet égard. L'action peut ſe réduire aux mouvemens des bras & des yeux & à l'air du viſage ; ces mouvemens peuvent être lents ou rapides, ſou-tenus ou briſés, variés ou monotones ; ils peuvent auſſi être plus ou moins continués.

Les mouvemens lents & ſoutenus ont une nobleſſe & des graces infi-nies, parce qu'ils ne coûtent point d'efforts, & qu'ils annoncent un cer-tain empire de l'ame qui régle tous les mouvemens extérieurs : la majes-té & la délicateſſe n'ont point de bras , dit M. Malter, ce fameux Maître à danser, qui connoît à fond le jeu mécanique du corps humain, & toutes les ſortes d'agrémens qui peuvent en naître.

Les paſſions vives exigent des mou-vemens rapides ; il régne alors dans l'ame une agitation extrême , qui doit ſe peindre au-dehors : on ne doit point toutefois s'abandonner à des mouvemens violens ou brisés ; ils entraînent de trop grands efforts, & font fuir les graces qui doivent tout leur être à une heureuse aisance.

Ce n'est que dans le passage brusque d'une passion à une autre, dans le conflict des passions, ou quand elles sont arrivées à leur comble, qu'on peut, & qu'on doit s'écarter de cette régle. L'Auteur du premier article *Déclamation*, dans l'Encyclopédie, étoit bien convaincu de cette vérité, lorsqu'il s'est exprimé de la sorte : « Quand les passions sont à » leur comble, le jeu le plus fort est » le plus vrai : c'est-là qu'il est beau » de ne plus se posséder ni se con- » noître ; mais les décences ? Les » décences exigent que l'emporte- » ment soit noble, & n'empêchent » pas qu'il ne soit excessif. «

La variété des gestes est une nouvelle source de plaisirs au théâtre lyrique : les mouvemens des bras les plus élégants & les plus gracieux, les airs de tête les plus fins & les plus nobles, les positions du corps

les mieux deſſinées & les plus par-
faites, dès qu'on leur donne trop de
durée, n'offrent aux yeux des Spectateurs, que des beautés monotones
& par conſéquent ennuyeuſes. Il en
ſeroit de même de l'enſemble le plus
accompli. Je ſuppoſe qu'une Actrice
réuſsît à peindre la volupté ; que les
mouvemens tendres de ſes bras, la
douce vivacité de ſes regards, le
maintien paſſionné & languiſſant de
tout ſon corps, charmaſſent les ſens,
& attendriſſent les cœurs : ſi la volupté entre les mains de cette perſonne, avoit toujours les mêmes airs;
ſi elle s'offroit toujours dans les mêmes attitudes, j'oſe avancer que les
yeux s'accoûtumeroient à voir avec
indifférence, & peut-être même avec
dégoût, la reine de l'Univers, la
volupté. C'eſt que tous nos plaiſirs ne
ſont que des ſurpriſes de l'ame ; cel-
les-ci ne peuvent-être excitées que
par la préſence de nouveaux objets
qui ſe ſuccédent les uns aux autres,
ou par la préſence du même objet
préſenté ſous des aſpects nouveaux.

La durée des mouvemens dont je
viens de faire l'analyſe, doit varier

D v

selon les paſſions : elle doit être plus courte dans les paſſions vives, que dans les paſſions tranquilles ; c'eſt que les ſentimens ſe ſuccédent plus rapidement dans les premiers cas, que dans les ſeconds. De plus, on doit avoir égard au ſens des paroles, & à celui des phraſes muſicales ; il faut donc que les mouvemens dont il eſt queſtion, ne finiſſent qu'avec les ſens des unes & des autres, ou dans les endroits où il eſt ſuſpendu, & où par conſéquent l'on pourroit placer des points ou des virgules. Je dois cette remarque, que je regarde comme très-importante, à M. Rébel, à qui un long uſage & un eſprit naturellement philoſophe & obſervateur ont dévoilé toutes les fineſſes de l'art du Chant.

Il ne ſuffit point de donner aux différens geſtes une durée convenable ; il faut encore ſçavoir en faire heureuſement le choix, & les ſubordonner entr'eux : comme l'expreſſion du contour de la bouche, de l'air du viſage, & principalement des yeux, eſt la plus ſublime, les perſonnes qui excellent en ce genre d'action, ne doivent presque point s'en permettre d'autre, de peur qu'une moindre expreſſion ne nuiſe à une plus grande.

Outre les mouvemens dont j'ai parlé, il eſt de certaines ſituations de tout le corps, ou plutôt des contenances terribles ou gracieuſes, triſtes ou gaies, fieres ou naïves, &c. on les appelle attitudes : un chanteur doit encore plus s'en ſervir que des geſtes ; les premieres ſont un tableau entier, les ſecondes ne ſont qu'un coup de pinceau.

On voit que l'action peut être conſidérée comme une certaine éloquence du corps, & qu'elle eſt une eſpéce de langage dont l'ame ſe ſert pour exprimer ſes paſſions ; cette action eſt ſuſceptible de diverſes qualités, ainſi que le ſtile : les mouvemens qui la compoſent, doivent être liés entr'eux ; elle peut être ſublime, élégante ou ſimple, comme ce dernier : elle doit ſe précautionner comme lui contre deux écueils, l'emphaſe, & la familiarité.

C'eſt à la paſſion d'être l'ame & la ſégle des geſtes ; c'eſt pourquoi, com-

D vj

me les différences de caracteres, d'âges & de conditions opérent des changemens infinis dans les paſſions, les Chanteurs ne ſçauroient trop y avoir égard.

Les caracteres dérivent des tempéramens ; les hommes peuvent être ſanguins, bilieux ou phlegmatiques, plus ou moins ; le ſang, la bile, & le phlegme peuvent être mêlés d'une infinité de manieres : de-là la prodigieuſe variété de caracteres qu'on remarque dans le monde, & par où les hommes différent autant entr'eux, que par les traits de leur viſage.

Les paſſions, bien plus les mêmes paſſions, (la colere, par exemple) ne ſe produit pas ſous les mêmes traits dans un bilieux, que dans un phlegmatique : dans l'un elle doit avoir plus de ſang froid, s'il eſt permis de parler ainſi ; dans l'autre, elle a quelque choſe de plus impétueux ; dans l'un, c'eſt la réflexion qui ſe joint à la paſſion, & la rend infiniment plus redoutable ; dans l'autre, c'eſt la paſſion qui s'élance toute entiere au-dehors. Voici comment le déſeſpoir devroit éclater dans un Héros bilieux.

Si Hercule devenu la victime de la jalouſe vengeance de Déjanire, exprime en chantant ſa rage & ſes douleurs, que le ſon de ſa voix ſoit dur & entrecoupé, que ſes ſourcils ſoient menaçans, que ſes yeux étincelent ; qu'on y liſe ſa fureur contre Déjanire, ſa paſſion pour Iole, & les effroyables douleurs cauſées par les flâmes ſecrettes qui le dévorent : que l'air féroce & terrible de ſa phiſionomie ; que les mouvemens mâles & violens de ſes membres, enfin, que toute ſa perſonne préſente aux yeux épouvantés, Alcide furieux.

Virgile a deſſiné d'une maniere toute divine, l'action d'une amante phlegmatique. Didon inſtruite du départ d'Enée, coupe inhumainement ſes cheveux, réſolue de ſe porter aux dernieres extrêmités, les yeux en feu, les joues pâles & livides, les lévres noires & tremblantes, elle monte ſur le bueher fatal, où elle avoit fait placer l'épée du Héros Troyen, ſon portrait & le lit nuptial ; elle embraſſe avec une fureur

mêlée de tendreſſe, ce lit qui avoit
été le theâtre de ſes plaiſirs : puis
elle léve contre le Ciel un œil de
courroux, ſe ſaiſit de l'épée de l'in-
fidéle, préſent deſtiné, hélas ! à
d'autres uſages, & ſe précipite cruel-
lement ſur elle. Quelle fureur profonde ! Qu'elle attention dans cette
Reine à accroître ſon déſeſpoir !
Quelle réflexion dans ſes geſtes &
dans ſes attitudes ! Tout annonce le
plus vigoureux & le plus ſublime
pinceau qui ait jamais été.

On peut étendre l'application du
principe que j'ai poſé, aux paſſions
diverſes, à leurs dégrés & à leurs
nuances : on pourra auſſi faire de
même pour ceux que j'établirai dans
le cours de ce Chapitre : j'abandonne les détails aux réflexions des Amateurs & des Artiſtes. Il me ſuffit de
les prévenir qu'ils ne ſçauroient trop
étudier les tempéramens des perſon-
nages qu'ils doivent repréſenter ; ce
n'eſt que par-là qu'ils parviendront
à les rendre aux yeux des Spectateurs
avec la derniere exactitude & préciſion : ils doivent porter leurs obſervations ſur cette matiere auſſi loin

que les Peintres, puisque tout fameux Chanteur a droit de dire avec le Corrége :

Ed io anche son Pittore.

Les différences d'âge en produisent encore dans les passions ; dans la jeunesse, les organes & le cœur ne sont point usés par une longue habitude de sentir : de-là vient qu'ils se portent avec impétuosité vers tous les objets qui se présentent à eux sous les traits du bonheur ; c'est pourquoi on peut dire en général, que les personnes qui jouent à l'Opéra les rôles de jeunes Héros ou de jeunes Dieux, doivent avoir un jeu extrêmement vif & animé.

Comme dans l'âge mur le cercle de nos connoissances s'étend , & que par conséquent le nombre de nos désirs croît, & que d'ailleurs les objets n'ont plus pour nous le charme de la nouveauté ; aussi l'amour est alors moins entreprenant : bien plus, il n'est qu'une passion en second ; l'intérêt, l'ambition marchent le plus souvent devant lui, ou du moins à ses côtés : quand il se fait

jour au - dehors , il fe cache fous le
mafque de paffions férieufes & tran-
-quilles : le maintien des Acteurs
chantans qui repréfentent ces fortes
de perfonnages , doit être férieux &
tendre , tranquille & paffionné.

Pendant la vieilleffe , le fang dé-
pourvu de fa premiere chaleur ne
circule qu'avec peine ; le fentiment
& l'imagination perdent toute leur
vivacité : on eft défabufé par une
longue expérience du vain éclat des
objets qui nous avoient charmés :
à cet âge l'amour a prefque tous les
airs de l'amitié ; il n'eft plus redoutable ; il eft tranquille & difcoureur;
il faut que dans les geftes , les yeux
& la contenance d'un Chanteur, on
life l'âge de ces paffions fexagénaires
qui font effort pour fe produire.

Il n'en eft pas de même de l'ambition : comme elle s'éleve feule fur les
débris des autres paffions dans le cœur
d'un vieillard , elle y exerce un empire tyrannique : auffi elle demande
de la part des chanteurs une action
forte & même impétueufe , qu'ils
doivent avoir foin d'affortir aux conditions des perfonnages qu'ils jouent.

Les conditions différentes ont des caractères particuliers de nobleffe ou de grandeur, de douceur ou de naïveté, de rudeffe ou de fierté; des yeux intelligens retrouvent dans les paffions des hommes leur état; elles fe produifent fous les traits de la majefté chez les gens de diftinction; leur tendreffe a quelque chofe de grand & de fin tout enfemble; leur amour eft, pour ainfi dire, un amour de qualité; cette même paffion eft toute divine chez les Dieux. Ceux qui font deftinés à repréfenter les Héros, les Rois où les Dieux fur nos théâtres lyriques, ne fçauroient trop fe rendre familiers les manières & les airs nobles; ils ne fçauroient trop imiter l'action majeftueufe & touchante de Mlle Le Maure qui rendoit avec tant de naturel les rolles de Divinités, qu'elle fembloit avoir été pétrie par les Dieux dans l'Olympe. Baron avoit coutume de dire qu'*un Comédien devroit avoir été nourri fur les genoux des Reines.*

C'eft une chofe peut-être à remarquer que celui qui met le plus de majefté dans fon jeu, eft l'homme de condition. Qu'il joue le rolle de Neptune :

ses traits majestueux, ses gestes mâles, la noblesse de son port, la fierté de ses attitudes, qui inspirent le respect & la frayeur, annoncent le Dieu des Mers.

L'action doit être tout autre quand l'on a à représenter un personnage de Berger. Comme cet état est un état d'innocence, de candeur & de tendresse, toutes ces qualités doivent se faire remarquer dans le jeu d'un Acteur.

Il peut se faire que les conditions soient mêlées ; je veux dire qu'un fils de Roi, ou un Héros soit caché sous un habit de Berger ; pour-lors, on doit laisser entrevoir ces deux conditions dans tout son extérieur. Si Paris Berger chante, & qu'il fasse le premier l'aveu de ses feux à la Nymphe Oenone ; toute sa personne doit avoir quelque chose de naïf & de fin, de simple & de noble, d'empressé & de timide ; il faut que l'amour & le respect, le désir & l'inquiétude, l'espoir & la crainte se peignent dans ses regards, sur son visage & dans ses manières, qui doivent laisser deviner que c'est un Berger Prince qui aime une Nymphe. Avec quelle vérité,

quelles graces & quelle magie M.
Jéliotte n'auroit-il point rendu un tel
rolle !

Il me femble que les chanteurs me
difent, qu'à la vérité, j'ai établi des
principes propres à diriger leur jeu ;
mais que je ne leur ai point enfeigné
où ils pourront trouver des modéles.
La poëfie, la peinture, la fculpture,
le monde & la comédie font des éco-
les pour les Artiftes, où toutes les
graces & toutes les finefles de l'action
viendront s'offrir à leurs fens & à leur
efprit.

La poëfie ouvrira un champ immenfe à leurs réflexions ; la lecture
de l'Iliade, de l'Enéide & de la Hen-
riade leur apprendront à imaginer
fortement & à fentir vivement ; ils y
acquerront une prodigieufe facilité à
varier leur jeu ; ils y puiferont une
certaine fierté d'ame néceffaire pour
réuffir en quelque genre que ce foit,
& ils s'accoutumeront à n'envifager
les objets que dans le grand. *Depuis
que je lis Homere*, difoit M. Bou-
chardon, *les hommes me paroiffent
hauts de vingt pieds.*

La peinture & la fculpture qui font

les sœurs de la poësie, & qu'on doit même regarder comme la poësie des yeux, méritent aussi beaucoup d'attention ; les grands hommes, dont ces deux arts transmettent à la Postérité les actions illustres, reprennent une nouvelle vie sous le pinceau & le burin : ils paroissent encore sur la toile & le marbre avec leurs habits, leurs traits, leurs gestes & leurs attitudes ; on retrouve dans toute leur figure l'expression de la pensée, du sentiment & de la passion.

Nos célébres déclamateurs chantans ont sçavamment étudié les chef-d'œuvres de peinture & de sculpture : ils doivent à leurs observations fines & profondes en ce genre la belle entente de leurs vêtemens, la noblesse de leurs gestes, les nuances de leur expression, les graces & la variété de leur jeu.

Je ne crains pas d'ajouter qu'un Chanteur n'a point de régle plus sûre pour juger de son talent pour la déclamation, que son goût naturel pour les deux Arts dont il s'agit : si ce goût s'accroît, il est sûr que son talent se développe ; si cet Artiste en vient au

point de n'être pas maître de son ad-
miration à la vûe de statues & de tableaux de prix, dès-lors, il peut se
flatter qu'il est bien près de la perfection de la déclamation, s'il n'y tou-
che déja.

Voici un trait que j'ai entendu rapporter d'un de nos fameux Acteurs
chantans. Il se promenoit dans une
salle du Palais Royal ; il laissa
tomber ses yeux sur un tableau imaginé avec hardiesse, exécuté avec vigueur & précision : la vivacité du coloris, la justesse & la sublimité du
dessein l'étonnant d'abord ; le caractère de la principale figure attire ensuite & fixe son attention : tout son
corps prend naturellement la même
situation que l'objet qu'il contemple;
les mêmes dégrés de passion se peignent dans le contour de sa bouche,
dans ses yeux & sur tout son visage : ni
le bruit des personnes qui passent, ni
les propos des gens arrêtés pour être
témoins de ce spectacle, ne peuvent
l'arracher de cette sorte d'extase :
tant les arts & le talent exercent puissamment leur empire. Il est à présumer que cet illustre déclamateur n'a

pas étudié le monde avec moins de foin.

Dans des momens de paffion tous les mouvemens , & tout le maintien des hommes font pour un Philofophe un langage très-intelligible : c'eft par-là que l'amour, & la haine ces paffions meres , & toutes celles qui en naiffent fe peignent comme par autant de couleurs.

La Comédie offre auffi bien des modéles à un déclamateur chantant ; il ne fçauroit étudier avec trop de foin le jeu naturel, noble , paffionné & perfuafif de M. Grandval , & la manière fière & fublime de Mlle Du Ménil ; le pathétique inimitable de M. Sarrazin , & l'action éloquente , énergique & véhémente de Mlle Clairon ; l'intelligence de l'énonciation , l'exactitude & la précifion des geftes de M. de la Noue ; les attitudes de M. le Quin , & les graces finas & ingénues, nobles & tendres de Mlle Gauffin.

CHAPITRE IX.

Qu'on varie le jeu des organes autant
que l'exigent la nature des lettres &
des passions, la nature des fylla-
bes, le caractère des mots, l'har-
monie de la langue & l'expression
des paroles ; qu'on ait foin encore
d'affortir fes geftes à fon Articula-
tion & à fa Prononciation, & l'on
pratiquera toutes les régles de la
Déclamation propre au Chant.

LE CHANT n'étant, comme je l'ai
déja obfervé, qu'une Déclamation
plus embellie que la Déclamation ordinaire, on ne fçauroit trop étudier
la nature des organes de la bouche &
leur jeu ; on doit varier ce jeu fuivant que le demande la nature des
lettres : c'eft là le vrai moyen de les
rendre diftinctement. La diftance où
l'on eft des auditeurs doit décider la
force ou la douceur de l'Articulation.
Il convient que le caractère des paffions exprimées dans les vers déter-

mine la durée des mouvemens d'organes, par où l'on double de certaines lettres. Cette régle eſt un reſſort très-propre à exciter toutes les paſſions dans les auditeurs. La meſure des lettres & le caractère des paroles demandent à nos organes des mouvemens particuliers ; d'où la Prononciation & tous ſes modes : l'harmonie de la Langue Françoiſe exige à ſon tour des égards ; de-là, le ſoin que doivent avoir les chanteurs de changer les *e* muets qui ſont à la fin des mots en la diphtongue *eu*, & d'appuyer dans la Prononciation ſur les voyelles : les paroles demandant à nos organes de certains ſons & de certaines inflexions analogues aux mouvemens phyſiques & aux paſſions qu'on ſe propoſe de repréſenter ; d'où les différentes Prononciations & l'art d'en faire uſage.

Il ne ſuffit point de peindre aux oreilles par des ſons, il faut encore peindre aux yeux par des geſtes : c'eſt pourquoi on a dû en étudier à fond leur nature, connoître avec préciſion les mouvemens d'où ils réſultent, & chercher des régles pour les diriger :

ces

ces régles sont les paſſions : elles varient comme les âges, les caractères
& les dignités : tout cela demande
bien de l'attention.

On voit que l'Articulation & la
Prononciation ont une prodigieuſe
quantité de modes : comme chacun
d'eux entraîne pour l'ordinaire pluſieurs mouvememens d'organes &
pluſieurs geſtes , il ſuit que ces derniers ſont infinis.

TROISIÉME PARTIE,

La perfection du Chant.

DIVISION DE LA TROISIÉME PARTIE.

LE CHANT qu'on peut regarder comme l'expreſſion de l'inſtinct & du ſentiment, eſt naturel à tous les climats & à tous les peuples : ces derniers ont de tout temps chanté leurs funérailles, leurs maîtreſſes, leurs triomphes & leurs Dieux. Il eſt encore aujourd'hui le langage de tous les états. (a) » Le voyageur dans une longue route, le laboureur au milieu » des champs, le matelot ſur la mer, » le berger en gardant ſes troupeaux, » l'artiſan dans ſon attelier chantent » tous comme machinalement, & » l'ennui & la fatigue ſont ſuſpen-» dus ou diſparoiſſent. " On ne ſçauroit ſe former une idée trop juſte de

(a) Encyclopédie : *Chant*. art. 1.

la perfection d'un Art auſſi naturel à
l'homme. Comme cette perfection
doit naturellement réunir toutes les
branches du Chant, ou plutôt qu'elle
n'eſt que leur réunion ; comme d'ailleurs, pluſieurs d'entre elles ont eû
leur place en divers endroits de cet
Ouvrage, je n'embraſſerai ici que les
principales, telles que ſont, la juſteſſe d'intonnation, la meſure, la
liaiſon des tons, l'uſage des ſons à
caractère & les agrémens.

CHAPITRE PREMIER.

*Comment les Perſonnes qui ont l'oreille
pareſſeuſe ou même fauſſe pourront
parvenir à chanter juſte.*

L'Art de faire monter ou deſcendre ſa voix autant que le demandent
les différens tons, n'eſt autre choſe
que la juſteſſe d'intonnation : on doit
la regarder comme une des principales qualités du Chant, puiſqu'elle
conſerve à la Muſique ſon eſſence,
qui conſiſte dans de certaines proportions ménagées entre les ſons graves
& les ſons aigus.

E ij

La pareſſe de l'oreille eſt une certaine difficulté ou lenteur à ſaiſir ces
ſortes de proportions : on voit que ce
défaut doit le plus ſouvent ſe cacher
à ceux dans qui on le remarque ; il
n'eſt guère poſſible de s'en corriger
par ſes ſeules réflexions.

Il faut d'abord chanter ſeul devant
des Maîtres habiles, & après ſe laiſſer conduire par leur voix : on s'accoutumera à paſſer ſucceſſivement des
premières notes aux dernières ; on
pourra dans la ſuite s'élever de l'*ut* au
fa &c. l'on pourra auſſi deſcendre des
tons les plus hauts aux plus bas. Par
ces moyens, on s'appercevra que
l'excès de hauteur où la voix monte,
ou que ſon excès d'abbaiſſement pour
chaque note eſt juſtement la meſure
de la pareſſe de l'oreille : on jugera des
tons par ceux que le Maître forme ;
enfin on s'accoutumera à n'en admettre que de convenables.

Les remedes que j'ai preſcrits contre la pareſſe de l'oreille n'en ſçauroient corriger le faux, qui eſt un
manque de diſcernement qui l'em-
pêche d'apprécier, & de comparer les
dégrés de grave & d'aigu des ſons :

c'est ce qui m'a fait imaginer d'y suppléer par un autre sens. Je vais faire part à mon Lecteur des observations importantes que j'ai faites : elles auront, comme je l'espére, le mérite de la nouveauté & celui de la vérité.

Un sens peut être faux sans que pour cela les autres le soient : bien plus on a remarqué que les personnes qui sont privées d'un sens sont dédommagées par ceux qui leur restent, qui pour l'ordinaire ont beaucoup plus de sagacité & de finesse : sans doute, parceque l'ame se jette alors vers moins de côtés ; il est encore à observer qu'un sens peut suppléer à bien des égards à un autre ; un aveugle, par exemple, ne discerne point la figure & les proportions des corps par la vûe ; mais il en juge par le tact. Ne seroit-il pas possible de trouver un sens qui suppléât à l'oreille ?

Cette dernière réflexion ne paroîtra pas si déraisonnable, si l'on fait attention que l'ouïe ne produit point l'harmonie dans la musique instrumentale, & qu'elle n'en est que le juge : ce sont, par exemple, le mouvement des doigts, & l'impulsion de

E iij

l'archet fur les cordes du Violon qui
produifent toute la diverfité des fons;
auffi eft-il très-probable qu'un Artifte à
qui il furviendroit une furdité, pourroit encore jouer des airs fur un inftrument qu'on auroit foin de lui monter; c'eft qu'alors le tact feroit l'office
de l'oreille; cette dernière n'eft donc
pas abfolument néceffaire pour la
Mufique inftrumentale; elle ne l'eft
pas non plus pour la Mufique vocale.

L'ouïe ne donne point aux fons de
la voix leurs dégrés de grave & d'aigu: on doit les attribuer aux diverfes
tenfions des rubans fonores; fi l'on
peut avoir un juge de cette diverfité,
autre que le fens dont je viens de parler: dès-lors, on pourra indépendam-
ment de lui chanter jufte.

Il eft néceffaire de fe rappeller ici
ce que j'ai dit dans le Chapitre quatriéme de la première Partie de cet
Ouvrage; que les mouvemens du
larinx en haut, & parconféquent les
dégrés de tenfion des lévres de la
glotte répondent précifément aux dégrés de force d'une forte d'expiration
que l'on fait avec une fecouffe plus
ou moins confidérable, felon que l'e-

xigent les sons plus ou moins aigus : si
l'on a un juge de l'énergie de cette
espèce d'expiration, dès ce moment
on aura une régle infaillible pour les
tons plus ou moins hauts : ce juge sera une certaine expérience, ou plutôt
un sens intérieur assez éclairé pour apprécier tous les dégrés de force de
l'expiration dont il s'agit. Ce sens
doit avoir autant de finesse que les
autres ; d'ailleurs, elle peut croître
à l'infini : parce qu'elle peut être l'objet des profondes réflexions de l'ame.

Il faut que les personnes qui ont
l'oreille fausse tâchent de chanter la
gamme devant des Maîtres qui leur
fassent remarquer les tons qu'elles formeront heureusement par hazard :
elles réfléchiront pour-lors sur les
dégrés d'énergie de leur expiration
dans ces cas différens, & ces réflexions deviendront des régles sûres.

Supposons que la note que ces personnes ont rendue avec exactitude est
un *ut*, & que par le sens intime elles
se soient apperçues que la force de
leur expiration étoit d'un dégré, elles
pourront conclure qu'il faut deux dégrés de même genre pour un *re*, trois

E iv

pour un *mi* &c. & si elles ont soin de se diriger par ces régles dans la pratique, elles chanteront avec la dernière justesse. Je conviens que les gens qui, par ce moyen, auront acquis la justesse d'intonnation ne pourront, ni accompagner, ni chanter en partie, parce qu'ils ne sçauroient comparer leurs accens avec ceux des autres, & avec les sons des instrumens.

La méthode que je viens d'enseigner ne contribuera pas peu à étendre l'empire du Chant, en multipliant les talens de bien des personnes : les Dames qui ont de la voix sans avoir de l'oreille, pourront avec le secours de mes régles ajouter à leurs charmes, s'assurer une ressource contre les disgraces de l'âge, & espérer d'être encore agréables, quand elles auront cessé d'être aimables. Que d'organes brillans, jusqu'apréfent inutiles, que l'art va mettre heureusement à profit! On pourra malgré le faux de l'oreille imiter la manière de Mlle Fel, dont la voix légère & juste s'éleve avec aisance des sons les plus graves aux plus aigus, & en marque tous les dégrés avec la même précision que M. Ra-

meau les conçoit ; on réuſſira à rea-
dre la mélodie ſenſible comme cette
même Actrice, qu'un peuple immenſe
ne ſçauroit entendre ſans laiſſer échap-
per ces tranſports involontaires, qui
honorent à la fois ceux qui les éprou-
vent, & ceux qui les excitent.

CHAPITRE II.

De la Meſure.

LA MESURE dans le Chant n'eſt
autre choſe que la régle de la durée
des ſons de la voix, & parconſéquent,
de leur vîteſſe ou de leur lenteur:
d'où il ſuit qu'on peut la conſidérer
comme principe d'expreſſion : la ſucceſſion rapide des tons eſt très-propre
à peindre les mouvemens phyſiques
violens ou les paſſions vives : leur
ſucceſſion lente convient aux mouvemens foibles & aux paſſions tranquilles.

C'eſt pourquoi la Meſure ou la Cro-
che vaut un temps, eſt capable d'exprimer avec ſuccès la vîteſſe des é-
clairs, de la foudre &c. les tranſ-

ports de la haine, de la vengeance &c. aussi en Italien désigne-t-on cette Mesure par le mot de *praesto*. Comme celle où la valeur de la noire est d'un temps, tient du vif & du gai, qualités que les Italiens appellent *vivace* ou *allégro*, elle est faite pour les mouvemens légers & pour les passions aimables, c'est-à-dire, le vol d'un papillon, la douce agitation des feuilles d'un arbre, l'espoir, le plaisir &c. Comme la mesure où la ronde vaudroit un temps, seroit lente, on pourroit la distinguer par les termes d'*adagio* & de *largo*, & s'en servir pour représenter le cours tranquille d'un fleuve, la démarche d'une Déesse & les passions sérieuses.

Il est vrai de dire, que la vivacité ou la lenteur de la Mesure est à certains égards pour la Musique moderne, ce que les divers modes, je veux dire, le dorien, le phrigien, le lidien, le mixolidien, laeolien, l'ionien, le sous-dorien & le sous-lidien étoient pour la Musique ancienne. Il est certain que si chacune de nos Provinces & les diverses nations de l'Europe avoient une Musique pro-

pre , la vîteſſe ou la lenteur de la Meſure varieroit dans ces climats ſelon le
caractère des habitans.

Il eſt encore à remarquer que tous
les peuples , les Indiens & les Sauva-
ges même chantent en meſure : bien
plus tous les hommes en ſont capables ; ſi certains d'entre eux ne la mar-
quent point , c'eſt que toute leur imagination eſt tournée à l'exécution du
Chant ; ou bien c'eſt défaut d'habitude. Selon *Deſcartes*, ce reſtaurateur de
la Phyſique , & le plus grand génie
qui ſoit ſorti de la main Divine ,
» les bêtes pourroient danſer avec
» meſure , ſi on les y inſtruiſoit , ou
» ſi on les y accoutumoit de longue
» main ; parce qu'il n'eſt beſoin pour
» cela que d'un effort & d'un mouve-
» ment naturel. « Tout le monde
ſent les rapports qu'il y a entre le
Chant & la Danſe : l'une eſt en quelque ſorte la muſique des yeux comme l'autre l'eſt des oreilles.

On doit naturellement conclure
que la meſure eſt une des principales
parties du Chant , & que les gens à
talent ne ſçauroient mieux faire que
de ſuivre dans leurs leçons la méthode

enseignée par l'immortel M. Rameau
dans son *traité de l'harmonie*.

» Il seroit à propos, dit-il, que
» pour former l'oreille d'une per-
» sonne, on lui laissât prendre à sa
» discrétion un mouvement égal, qui
» fût cependant un peu lent, en ne
» lui faisant passer d'abord qu'une no-
» te , soit en chantant , soit en jouant
» d'un instrument; & lorsque l'habi-
» tude en seroit parfaitement formée,
» on lui en feroit passer 2 , 4 , 8 & 16
» à chaque temps sans changer le
» mouvement, en s'arrêtant à chacun
» de ces passages autant de temps qu'il
» seroit nécessaire pour qu'il ne de-
» vînt qu'un jeu : puis on lui en feroit
» passer 3 & 6 de même qu'aupara-
» vant, les points, les syncopes &
» autres passages de cette espèce étant
» réservés pour la fin. Après quoi,
» il ne sera pas difficile de lui faire ré-
» péter les mêmes choses dans un
» mouvement plus vif ou plus lent,
» de lui faire sentir les premiers &
» les derniers temps, & de les lui
» faire marquer par de certains mou-
» vemens de la main ou du pied, le
» tout ne dépendant que de la pa-

» tience du Maître & de l'Ecolier. «
Cette méthode est exactement suivie
par MM. Godar, Rochar, Duché,
Marin, & par bien d'autres Maîtres
de Chant.

CHAPITRE III.

De la liaison des Tons.

Lᴇ Cʜᴀɴᴛ est un langage qui exprime par le moyen des sons les mouvemens physiques & le sentiment :
comme dans le langage ordinaire les
idées doivent être liées, de même
dans le Chant les sons doivent être
unis entre eux : comme le premier
assemble le plus souvent des pensées
analogues, de même le second a
coutume d'enchaîner des Tons analogues : comme l'on assortit aux idées
leurs liens, on doit faire de même
dans la Musique vocale : aussi les liens
des sons principaux doivent être aigus ou graves, forts ou foibles, majestueux, tendres ou délicats comme
ces derniers.

Il n'est pas hors de propos d'obser-

ver qu'à mesure que les sons sont plus
forts, leurs liens doivent l'être davantage : autrement ils ne seroient pas
sensibles ; qu'à proportion que les
sons sont plus foibles, leurs liens
doivent être plus minces, si je puis
m'exprimer de la sorte, sans quoi
ils seroient autant ou même plus con-
sidérables que les tons, ce qui seroit
contre la nature de ceux-là : on peut
faire l'application de ce principe aux
sons graves ou aigus & aux sons à caractère.

Quand on forme des sons de diverses espèces, il faut que leurs liens
participent des uns & des autres : si
l'on passe, par exemple, d'un son majestueux à un son délicat, il faut que
celui qui est destiné à les unir passe in-
sensiblement de la majesté à la délicatesse : cette régle a lieu pour le mélange de tous les autres sons : si on négligeoit de la pratiquer, il seroit à
craindre que les passages d'un ton à
l'autre ne fussent brusques, & que
l'unité ne fût bannie du Chant.

Le jeu mécanique de la respiration,
le sens des paroles & celui des phrases
de musique demandent que l'on mé-

nage des repos dans l'intervalle de certains tons : on ne doit placer ces repos que dans les endroits où le sens des vers & celui de la musique sont suspendus ou finissent : on ne sçauroit négliger l'observation de cette régle, sans qu'il s'ensuive les plus grands inconvéniens.

C'est en se conformant à mes principes que Mlles Le Maure & Fel & M. Jéliotte font sentir ces dégrés, ces nuances de mélodie, d'expression & cet ensemble merveilleux qui charment les oreilles, & qui saisissent vivement l'ame.

CHAPITRE IV.

Quand doit-on faire usage des sons à caractères ? Avantages de ces sortes de sons.

LE CARACTERE des paroles doit décider le choix des sons dont il s'agit. Il faut suivre à cet égard les régles que j'ai données dans la seconde partie de ce traité pour les différentes espèces de prononciations. Si les Chan-

teurs sçavent faire avec goût & dif-
cernement usage de ces régles, ils
réussiront à rendre dans le Chant toutes les passions & leur caractère particulier, ainsi que celui des personna-
ges qu'ils représentent ; l'on pourra
juger au seul son de la voix, si c'est un
Héros ou un Berger, un Roi ou un
Sujet, Minerve ou Junon, Neptune
ou Jupiter qui chantent. Nos Acteurs
renouvelleront sur la scène lyrique les
prodiges opérés sur les anciens théâtres par les pantomines qui, au rapport d'Appulée, (a) avoient porté si
haut la perfection de leur Art, que
dans une représentation du jugement
de Paris, on distinguoit parfaitement
les trois Déesses aux gestes & aux attitudes des Actrices.

CHAPITRE V.

Des Agrémens.

LEs AGRÉMENS sont dans le Chant
ce que les figures sont dans l'éloquence : c'est par elles qu'un grand Orateur

(a) Metam. Libr. X.

remue à son gré les cœurs, les pousse là où il veut, & y jette successivement toutes les passions : les agrémens produisent les mêmes effets ; pour peu qu'on réfléchisse sur leurs qualités de force, d'énergie, de douceur, d'aménité & de tendresse, on sera forcé de convenir qu'ils sont très-propres à affecter puissamment l'ame ; & qu'ôter à la Musique ces sortes d'ornemens, ce seroit lui ôter la plus belle partie de son être.

J'appelle de la vérité des réflexions que je viens de faire au jugement du sens intime : les agrémens parfaitement exécutés ont dans la bouche de Mlles Le Maure & Fel, & de M. Jéliotte un caractère singulier de mélodie & d'expression : l'oreille est délicieusement flattée, & le cœur violemment ému est entraîné dans des passions différentes, ou bien il passe à divers dégrés de la même passion.

Que ces mêmes ornemens soient rendus par des Artistes médiocres, l'oreille en est offensée, & le cœur n'en est point touché : dans ce dernier cas ils perdent une partie de leur vie &

toutes leurs graces dans la bouche des mauvais Chanteurs ; au lieu que dans le premier ils étoient préfentés tout entiers & avec toutes les qualités qui leur font propres. Il eft réfervé aux efprits fins & au fentiment délicat de démêler les nuances dont je viens de parler : c'eft pourquoi l'on auroit tort de définir un bon Chanteur, *un être qui a des poumons, un gofier, une bouche & des oreilles bien organifés* : il faut de plus qu'il penfe & qu'il fente ; fans quoi il ne différeroit guères d'un inftrument de Mufique.

Pour peu qu'on faffe d'attention à l'importance de la matière, on conviendra qu'on ne fçauroit lui donner trop d'étendue. Je vais m'ouvrir une carrière toute nouvelle & entreprendre de remonter à la nature des agrémens, de faire connoître leur caractère particulier d'expreffion, de donner leur génération, d'imaginer des fignes qui les repréfentent, & d'enfeigner l'art de les exécuter avec tout le fuccès poffible.

Les Maîtres de Chant ne fçauroient définir avec trop de foin les

agrémens : les Ecoliers rendent avec
bien plus de facilité & de précision
les sons qu'on a rendu sensibles à leur
esprit & à leurs oreilles , que ceux
qu'on n'a rendu sensibles qu'à celles-
ci : dans le premier cas , la pensée &
l'imitation dirigent les organes : dans
le second , c'est l'imitation toute seule.

Il est surprenant qu'on ne soit point
encore avisé d'expliquer la nature des
deux ports de voix, de l'accent, du
flatté ou du balancé, des deux sons
filés, des quatre cadences, de la demi-cadence ou du coup de gorge, &
du coulé. On pourroit distinguer plusieurs autres agrémens moins essen-
tiels & arbitraires : j'aurai recours à
l'analyse pour donner des notions
exactes de ceux que je viens de nommer.

Port de voix entier.

Dans le port de voix entier les deux
premières notes sont sur le même dégré, & la seconde est toujours une
note empruntée : on ne doit jamais
oublier de finir le port de voix entier
par une note plus élevée, qui doit
être liée à la précédente par dégrés

conjoints : il faut foutenir, & même enfler plus ou moins le fon fur la dernière, felon le caractère du Chant.

Port de voix feint.

Le port de voix feint fe fait de la même manière que le port de voix entier, avec ces différences qu'on foutient, & qu'on enfle le fon fur la pénultiéme note qui eft toujours une note d'agrément, & qu'on efcamotte moëlleufement, fi je puis m'exprimer de la forte, la dernière, felon le caractère du Chant.

L'accent.

L'accent eft une petite inflexion de voix qu'on fait en careffant la note qui eft au-deffus du fon qu'on a foutenu ou filé.

Le flatté ou le balancé.

Le flatté exige une inflexion de voix prefque infenfible, & qu'on joigne rapidement deux notes de bas en haut, en maniérant un peu le fon : on peut regarder cet agrément comme un quart de port de voix.

Son filé entier.

Le son filé entier est un son continué sur le même dégré : on le commence doux & en dedans : on le con-
duit jusqu'à son dernier période de
volume, sans cependant le crier ou
le forcer : on le raméne insensible-
ment au point de douceur d'où l'on
étoit parti.

Son demi-filé.

On doit considérer le son demi-filé comme la moitié du son filé entier :
l'étendue de son volume varie selon
le caractère du Chant.

La cadence en général.

La cadence en général est un agrément qui se fait selon le majeur ou le
mineur, par deux martellemens qui
sont à la distance l'un de l'autre d'un
ton ou d'un demi ton. Je vais dériver
de cette définition celle des autres cadences.

Cadence appuyée.

La cadence appuyée se forme par
un son soutenu majeur ou mineur au-
dessus de celui sur lequel on doit la

battre, qui eft toujours une note empruntée : il faut dans tous les mouvemens égaux comme à deux ou à quatre temps &c. tenir le fon d'appui la
moitié de la valeur de la note fur laquelle on doit battre la cadence, &
un tiers dans les mouvemens inégaux :
on doit avoir foin de détacher par une
petite inflexion des rubans fonores la
cadence de fon appui : il convient de
ménager des martelemens lents &
bien égaux, & de les preffer un peu,
afin de la terminer, & fermer en tom-
bant fur la note finale, avant que de
prononcer la dernière fyllabe.

Cadence précipitée.

Jettez le premier martellement
fur la note où l'on doit battre cette
cadence : celle-ci doit être plus précipitée que la cadence appuyée ; d'ailleurs elle finit comme cette dernière.

Cadence molle.

La cadence molle n'a jamais d'appui : elle commence par des martellemens en-dedans battus très-lente-
ment & mollement, en forte que le
fon meure par gradation.

Double Cadence.

Il faut dans la double cadence ménager un repos sur la note sur laquelle on veut la faire : les martellemens doivent être d'abord un peu lourds & pointés, & ensuite moins lourds & non pointés : les derniers doivent être plus rapides que ceux de la cadence précipitée, en ajoutant toutefois la note qui tombe de quinte sur la finale. On doit observer que cet agrément se termine ainsi dans les mouvemens de bas dessus, comme dans ceux de même mouvement, de basse taille, de haute-contre, &c. Quand la double cadence se trouve dans le cours du chant, on la fait tomber sur la quinte, & l'on en retranche les premiers martellemens lourds.

La demi-cadence ou le coup de gorge.

On commence la demi-cadence par un appui qui est toujours une note d'emprunt : on enfle & puis on diminue le son au-dessus de la note, ou l'on doit former cet agrément ; on ménage des demi-martellemens, qui en conftituent l'effence, & on la termine quelquefois comme la cadence appuyée, mais avec beaucoup plus de douceur.

Le Coulé.

Pour former le coulé, il faut defcendre par dégrés conjoints, & ménager une petite inflexion de voix très-douce.

La Roulade.

Dans la roulade la voix s'éleve fucceffivement & par gradation des premières notes aux dernières, ou bien elle paffe de la même manière des tons les plus hauts aux plus bas.

Il fuit des différentes définitions que je viens de donner, que les agrémens peuvent être confidérés comme principes d'expreffion. Les fons qui compofent les agrémens ont différentes qualités de grave ou d'aigu, & par la même d'obfcurité ou de clarté ; de force ou de douceur : de plus ils peuvent avoir une durée plus ou moins confidérable. Les fons aigus font naturellement clairs : auffi femblent-ils faits pour les paffions aimables, &

pour

pour peindre les mouvemens physiques agréables ; leur succession représente les mouvemens en haut : les sons graves, & par conséquent obscurs conviennent aux passions sérieuses & aux mouvemens en bas ; la force des sons est capable d'exprimer les passions violentes ou les grands mouvemens physiques : leur douceur est consacrée aux passions tranquilles & aux mouvemens gracieux : la durée des sons est très-propre à rendre celle des sentimens & la vîtesse ou la lenteur des mouvemens. Ces principes une fois posés, je vais analyser le caractère des agrémens.

Il y a dans le port de voix entier un son filé qui s'éleve à son dernier période de volume, & qui descend au point d'où il étoit parti : c'est pourquoi on doit l'employer surtout dans les passions qui croissent d'abord, & puis qui diminuent par dégrés. Le port de voix feint a les mêmes qualités que le port de voix entier : cependant l'on peut dire que la note qu'on escamotte fait qu'il est marqué au coin de la délicatesse ; presque tout ce

F

qu'on vient de dire du port de voix feint convient à l'accent.

Si l'on fait attention que le flatté ou le balancé eſt preſque tout compoſé de ſons aigus , & qu'on doit le former avec une rare douceur, on ne ſera point ſurpris que cet agrément ſoit fait pour peindre les mouvemens phyſiques , agréables , & les paſſions enjouées , tendres & délicates.

Il eſt aiſé de comprendre par ce qui a précédé , que le ſon filé entier convient aux paſſions qui s'enflâment , & enſuite s'éteignent par gradation. Le ſon demi-filé qui acquiert toute l'étendue de ſon volume rend avec un naturel infini les paſſions qui s'élevent par dégrés à leur comble.

Comme dans les cadences le ſon monte & deſcend ſucceſſivement d'un dégré , elles peuvent être d'un grand ſecours pour peindre le battement des aîles d'un oiſeau : comme on peut imprimer aux martellemens qu'on forme , un caractère d'obſcurité ou de clarté , de dureté ou de douceur ; comme d'ailleurs on peut les continuer plus ou moins de temps, ils ſont propres à repréſenter avec ſuccès les

grandes paſſions, ainſi que les paſſions tranquilles & la durée des ſentimens.

Dans le coulé, il faut que le ſon de-
ſcende avec une certaine douceur &
obſcurité : auſſi on peut en faire uſage
pour exprimer de certains mouvemens
phyſiques, gracieux ou triſtes, & les
paſſions ſérieuſes ou aimables.

Pour peu qu'on obſerve que pour
former une roulade, on paſſe des
tons les plus bas, je veux dire les plus
obſcurs, aux plus hauts, & par-là même aux plus aigus ; ou bien qu'on deſcend de ces derniers aux ſons les plus
graves, on ſera convaincu qu'elle eſt
faite pour peindre les mouvemens ſuc-
ceſſifs en haut ou en bas, & les paſſions qui deviennent gaies ou ſérieuſes par dégrés.

Quand on examine le caractère
d'expreſſion propre à chacun des agrémens, on eſt forcé d'avouer qu'on ne
ſçauroit trop s'accoutumer à les rendre avec toute la perfection poſſible :
il ſeroit à déſirer qu'on pût déterminer les mouvemens d'organes qui en
donnent la génération ; une pareille
analyſe ſeroit d'un grand ſecours pour

F ij

former avec une rare précifion ces
mêmes agrémens , & elle donneroit
un heureux développement au fyftème
que j'ai embraffé fur la formation de
la voix. J'oferai tenter cette entre-
prife. Avant que de l'exécuter , il eft à
propos de rappeller à mon Lecteur
des principes que j'ai établis dans les
Chapitres III & IV de la première
Partie , à fçavoir , que les mouvemens du larinx en haut ou en bas,
qui font libres médiatement , font fignes des dégrés de tenfion , ou du re-
lachement des cordes vocales ; que la
force ou la foibleffe de l'expiration
font le principal reffort d'où naiffent
les fons forts ou foibles. Il faut auffi
obferver que les agrémens ne font
qu'un certain affemblage de fons aigus
ou graves , forts ou foibles , lents ou
rapides , indifférens ou paffionnés. Je
vais par les régles que donne la Phyfique déduire des principes que j'ai
pofés la génération de tous les agrémens.

Port de voix entier.

On doit avoir foin de fixer le larinx
au même dégré de hauteur ou d'abaiff-

fement, pendant les deux premières notes : par ce moyen les rubans sonores seront également tendus , & les sons également aigus ou graves : il est nécessaire à la fin de la seconde note de faire monter le larinx d'un dégré , & d'expirer avec une certaine douceur dans l'intervalle de ces deux notes : d'où il arrivera , 1°. que les lèvres de la glotte seront plus tendues d'un dégré, & que parconséquent le son sera plus aigu en même proportion : 2°. que dans l'intervalle de ces deux notes les cordes vocales seront réduites à des oscillations moindres que les précédentes , & que les tons seront liés : on doit ménager sur le dernier son expiration , ensorte que la force de celle-ci croisse par gradation : ainsi les vibrations deviendront plus profondes par dégrés, & le son acquerra successivement de la force.

Port de voix feint.

Tenez , comme dans l'agrément précédent le larinx dans un état de repos pendant, les deux premières notes : expirez sur la seconde, de manière que

la vîteſſe de l'air intérieur croiſſe par
gradation.

Quand le ſon aura atteint ſon dernier période de volume , vous éleve-
rez le larinx d'un dégré , en ména-
geant une douce expiration pour join-
dre la pénultiéme à la dernière note ; vous expirerez mollement ſur
celle-ci , pour que les rubans ſonores
ſoient déterminés à des oſcillations
preſque inſenſibles , & qu'ainſi le ſon
devienne délicat.

L'accent.

L'accent exige qu'après avoir ſou-
tenu ou enflé le ſon , on faſſe monter
le larinx d'un dégré ou d'un demi-dégré , & qu'on faſſe ſortir l'air intérieur avec une douceur extrême , afin
de careſſer le ſon de la dernière note,

Le flatté ou le balancé.

Quand vous aurez rendu la note
principale , ayez ſoin d'élever le larinx d'un quart de dégré , & expirez
avec douceur dans l'intervalle des
deux notes.

Sons filés.

Le larinx doit demeurer au même
dégré de hauteur ou d'abaissement
pendant qu'on forme ces agrémens.
Il faut que dans le son filé entier l'air
intérieur acquierre à chaque instant
un nouveau dégré de vitesse : par-là ,
1°. les lévres de la glotte seront également tendues , & le ton ne change-
ra point : 2°. les oscillations deviendront plus profondes par dégrés , &
le son parviendra à son dernier période de volume : quand il y sera arrivé ,
on aura soin d'expirer de manière que
l'air qui sort des poumons perde successivement un dégré de célérité : c'est
pourquoi l'étendue des vibrations diminuera successivement , & l'on ra-
menera le son à son premier état. Il ne
faut pratiquer pour le son demi-filé
que la moitié des régles que je viens
de prescrire. .

Cadence appuyée.

La cadence appuyée demande
qu'on fasse monter le larinx d'un dégré , ou d'un demi-dégré , & qu'on
ménage son expiration de manière

qu'elle acquiere à chaque inftant des forces égales, ainfi les rubans fonores feront plus tendus d'un dégré ou d'un demi-dégré, & parconféquent le fon plus aigu en même proportion : de plus les cordes vocales feront réduites à des ofcillations qui deviendront plus profondes par gradation, & la force du fon augmentera par progreffions arithmétiques. Dans les mouvemens égaux la durée de l'expiration fur le point d'appui doit répondre précifément à la moitié de la valeur de la note, & au tiers dans les mouvemens inégaux : on conçoit que le fon fera plus ou moins filé dans ces différens cas. On aura foin de détacher la cadence de fon appui par une petite fecouffe des lévres de la glotte, d'abbaiffer & d'élever alternativement le larinx d'un dégré, & d'expirer peu de temps pour chaque martellement : il arrivera que les rubans fonores paf-feront à divers états de tenfion & de relâchement, & que le fon montera & defcendra fucceffivement d'un dé-gré : comme les mêmes vibrations feront peu continuées, les tons fe fuc-céderont rapidement les uns aux au-

tres : enfuite on expirera pendant un
temps un peu confidérable & égal fur
les divers points d'élévation & d'abbaiffement du larinx, & les martellemens feront lents & bien égaux ; on
abrégera par dégrés la durée de fon
expiration, & les martellemens deviendront plus rapides ; enfin on fera
defcendre le larinx d'un dégré : on expirera comme à divers temps , d'a-
bord avec une certaine douceur , &
après avec un peu de force , de forte
qu'une molle expiration ait cependant
lieu dans l'intervalle des fons : on
comprend qu'ils feront plus graves
que les précédens, qu'ils feront unis ,
& que le pénultiéme aura moins de
force que le dernier.

Cadence précipitée.

Il faut dans la cadence précipitée
qu'on faffe monter & defcendre fucceffivement le larinx d'un dégré, &
qu'on expire moins de temps pour les
martellemens, à mefure qu'on approche des derniers : par ce moyen la fucceffion des tons deviendra continuellement plus rapide ; cet agrément fe
termine comme le précédent.

F v

Cadence molle.

L'élévation & l'abbaiſſement alternatifs du larinx doivent avoir lieu : il faut de plus expirer long-temps & mollement pour chaque ſon , & le retenir dans la bouche : ainſi les martellemens ſeront battus avec douceur , lentement , & le ſon ſera un peu éteint. L'inſpiration deviendra ſucceſſivement plus foible d'un dégré : les lévres de la glotte ſeront déterminées à des vibrations , à des demi-vibrations & à des frémiſſemens inſenſibles, & la voix mourra par gradation.

Double Cadence.

Expirez quelque-temps & avec le même dégré de force , le larinx demeurant immobile : par-là vous formerez un ſon continué , & vous ménagerez un repos ; vous ferez enſuite monter & deſcendre alternativement le larinx d'un dégré : ayez ſoin que votre expiration ſoit forte , bruſque & continuée ; il eſt évident que les oſcillations ſeront profondes , un peu interrompues , & qu'elles auront une certaine durée , & que par ce moyen les martellemens feront lourds : n'expirez point dans leur intervalle & ils feront pointés : vous diminuerez enfuite la durée de votre expiration pour les divers tons : vous lui ôterez un dégré de force à chaque inftant, & les martellemens deviendront plus précipités ; vous expirerez quelquetemps, là où vous aurez fini le dernier; vous ferez defcendre le larinx de cinq dégrés , & vous expirerez auffi pendant un peu de temps à ce dernier terme.

La demi-cadence , ou le coup de gorge.

La demi-cadence exige qu'on élève le larinx d'un dégré , & que l'expiration fe faffe de forte qu'elle devienne d'abord plus forte, & enfuite plus foible par dégrés : ainfi les vibrations acquerront & enfuite perdront de leur étendue , & la force du fon croîtra & puis diminuera à proportion : pour terminer cet agrément , il faut ménager, à l'aide de mes principes, deux ou trois demi-martellemens. Il eft important d'obferver que le coup de gorge fe termine quelquefois comme la cadence appuyée, mais avec beaucoup plus de douceur.

Le Coulé.

Dans le coulé on abbaisse le larinx d'un dégré : on expire doucement dans l'intervalle des deux notes, & un peu mollement sur la dernière.

La Roulade.

Comme pour former cet agrément il faut que la voix monte par gradation jusqu'à une certaine hauteur, ou bien qu'elle descende jusqu'à une certaine profondeur : dans le premier cas, on fera monter le larinx successivement d'un dégré : dans le second cas, on le fera descendre au contraire d'un dégré à chaque instant : dans ces différentes suppositions les rubans sonores feront plus ou moins tendus, leurs oscillations feront plus ou moins promptes, & donneront des sons plus ou moins aigus que les derniers d'un dégré, espéce de sons qui composent la roulade.

Après avoir donné des régles pour finir avec précision les agrémens, il convient d'enseigner l'art d'en faire usage à propos : il suffiroit pour cela d'inventer, s'il se peut, des signes qui les représentent. La possibilité des signes seroit à désirer, soit à cause des inconvéniens auxquels on pareroit, soit à cause des avantages qui en résulteroient. C'est d'abord un grand inconvénient que de n'avoir que trois signes pour douze agrémens : on désigne par cette croix X quatre cadences ; on exprime par ce trait μ la demi-cadence, & par cette note *l* ces deux port de voix & le coulé ; on n'a point de signe pour l'accent, le flatté ou le balancé, & les sons filés entiers & demi-filés.

Manquer de signes est un inconvénient qui doit en entraîner bien d'autres : il doit naturellement arriver que des personnes peu intelligentes ne sçachent pas démêler les agrémens divers représentés par le même signe ; qu'elles se trompent au choix, & qu'elles les assortissent mal aux paroles ; ce qui ne peut que déparer les plus beaux vers & la Musique la plus parfaite : il doit aussi arriver qu'on omette des agrémens qui ne sont point annoncés. De plus, le nombre des ſignes étant inſuffiſant, les graces les plus ſéduiſantes du Chant ne ſçauroient paſſer ſur le papier à l'aide de la gravure : auſſi les agrémens qu'on avoit admirés dans l'exécution des plus beaux morceaux de Muſique, ne ſont guères connus que de quelques excellens Chanteurs, & ſont perdus pour les gens de la Capitale qui ne fréquentent point les ſpectacles, pour les Provinces, pour l'Europe & pour la Poſtérité.

Rendre les mépriſes impoſſibles par rapport au choix des agrémens, les conſerver, faire paſſer dans les mains du Public François & des Etrangers tous les charmes de notre Chant, dans un temps où la Muſique vocale eſt un de nos principaux amuſemens, & où nos chanſons ont circulé dans preſque tout l'Univers civiliſé & éclairé ; imprimer un caractère d'immortalité à des agrémens expoſés tous les jours à périr avec quelques fameux Artiſtes, ſeroit peut-être faite une découverte digne d'un Citoyen Philoſophe, qui cherche à étendre la carrière des arts & celle des plaiſirs.

Voilà quelles sont les raisons qui
m'ont déterminé à procéder à l'invention des signes. Pour me conduire
méthodiquement, j'ai examiné quels
ils doivent être, & j'ai trouvé qu'ils
ne sçauroient avoir trop de variété,
afin d'éviter la confusion ; qu'il ne faut
leur donner qu'une juste étendue,
pour qu'ils n'occupent pas un trop
grand espace sur le papier, vu qu'il
sera quelquefois nécessaire d'en placer
plusieurs sur une même note ; qu'on
ne doit en imaginer que d'extrêmement simples, pour que les copistes
puissent les tracer avec facilité.

Les deux dernières raisons que je
viens d'indiquer sont cause que je n'ai
pas cherché des signes analogues aux
agrémens, c'est-à-dire qui exprimas-
sent les divers mouvemens en haut
ou en bas des sons qui les composent :
des signes de cette espèce auroient
paru d'abord plus philosophiques ;
mais l'eussent moins été dans le fond :
j'ai été réduit à en employer d'arbitraires. Je n'ai point eu recours à l'al-
phabet grec ou hébraïque : j'ai préféré
des signes familiers à tout le monde,
& auxquels il fût aisé d'attacher l'idée

des agrémens que je voulois leur faire
repréfenter : c'eft des chiffres arabi-
ques que je parle : les yeux de mon
Lecteur vont juger s'ils ont le caractère de variété, d'étendue & de fim-
plicité convenables.

SIGNES DES AGRÉMENS.

Pour le Port de Voix Entier.

1.

Pour le Port de Voix Feint.

2.

Pour l'Accent.

3.

Pour le Flatté ou le Balancé.

4.

Pour le Son Filé Entier.

5.

Pour le Son Demi-Filé.

6.

Pour la Cadence Appuyée.

7.

Pour la Cadence Précipitée.

8.

Pour la Cadence Molle.

9.

Pour la Double-Cadence.

X.

Pour la Demi-Cadence.

μ".

Pour le Coulé.

l.

Comme la Roulade est exprimée par des notes, elle n'a pas besoin de signe.

Il n'est pas hors de propos d'avertir qu'on ne doit pas s'en tenir en esclaves aux agrémens qui seront annoncés par nos signes : si cela étoit, il ne seroit pas possible que la même Musique présentée toujours avec les mêmes ornemens, n'offrît aux oreilles des beautés monótones : il vaut bien mieux que les personnes qui chantent leur substituent quelquefois des agrémens analogues à leurs organes , & à

leur tour particulier d'imagination :
ainsi les mêmes airs, les mêmes paroles se produiront sous des formes toujours nouvelles & avec des charmes
toujours nouveaux. Ce sont ces raisons, qui selon M. Diderot, ont em-
pêché bien des Ecrivains d'inventer
des signes : il auroit fallu obvier aux
abus, & pourvoir à la perfection du
Chant.

J'exhorte les gens à talent & les
amateurs à se souvenir que c'est surtout au caractère des passions, à leurs
dégrés & à leurs nuances de décider
le choix & la durée, l'énergie ou la
douceur, la vivacité ou la lenteur des
agrémens, & que par égard pour la
variété qui est l'ame des plaisirs, on
doit bien se garder de les répéter dans
les mêmes morceaux de Musique,
du moins à une trop foible distance
de l'endroit où on les a exécutés.

CHAPITRE VI.

Qu'on peut réduire l'Art principal du Chant à celui de chanter avec une grande justesse d'intonnation, de lier les tons, de faire usage des sons à caractère, & de bien exécuter les agrémens. Idée de la perfection du Chant.

ON NE sçauroit ménager aux sons leurs dégrés de grave & d'aigu, sans conserver à la Musique vocale des qualités qui tiennent d'aussi près à son essence, que les proportions tiennent à celle de la peinture : la mesure répond à l'expression des figures : lier les tons, en former des tous, & leur donner, pour ainsi dire, de la substance, ressemble à l'Art d'unir les couleurs, ensorte qu'il en résulte un bel ensemble. Un Chanteur qui sçait employer habilement les sons violens, entrecoupés, majestueux & éteints, ou bien les sons légers, tendres & délicats, a droit de prétendre à la même réputation qu'un Artiste qui excelle dans le coloris. Si ce premier connoît à fond la nature & le caractère des agrémens ; s'il les sçait bien exécuter & à propos, & leur donner la force ou la douceur, & la durée qu'éxigent les endroits où ils sont placés, ils seront pour lui des moyens sûrs de produire de merveilleux effets dans l'ame des auditeurs ; enfin s'il réunit toutes les qualités dont nous avons parlé, il partagera la gloire d'un Peintre qui embrasse les principales branches de son Art, & qui les voit heureusement fleurir dans ses mains.

On auroit tort de s'arrêter là ; on doit tâcher de s'élever à la perfection du Chant : c'est pourquoi il est nécessaire de s'en former une notion exacte : pour y réussir, il faut embrasser par des vues systématiques tous mes principes & tous leurs corollaires : on ne peut trop s'habituer à envisager d'un coup d'œil toutes les régles ; un Chanteur médiocre ne saisit son Art qu'en détail, l'ensemble échappe à ses foibles lumières ; un Artiste célébre sçait réunir tous les principes, il

en devine toutes les applications poffibles.

Les amateurs & les gens à talent
doivent remonter jufqu'à l'origine de
la voix, en dériver toutes les fortes
de fons, fe former des idées nettes
de l'Articulation & de tous fes modes ; confidérer la prononciation
comme principe d'harmonie & d'imitation, & affortir leurs géftes à leur
Chant. La jufteffe d'intonnation, la
mefure, l'art de lier les tons, & celui de faire ufage des fons à caractère, & de bien former les agrémens font comme autant de dégrés
par où l'on peut s'élever à la perfection
du Chant.

Les perfonnes qui excelleront dans
toutes ces diverfes parties approche-
ront peut-être de l'état fublime où
s'étoit élevée la Mufique inftrumentale des Grecs, qui (a) allumoit dans
les cœurs de ceux-ci toutes les paffions, & qui, pour dire plus que tout
cela, armoit & défarmoit à fon gré
Alexandre. (b)

(a) Patricius de Rep. libr. 11. tract. 11.
(b) Plut. tract. de fortunâ Alexandri.

Nos Acteurs chantans ne peuvent raisonnablement se promettre de pareils succès, s'ils n'ont grand soin de se préserver des passions qui dégradent l'ame, j'entens l'amour sordide du gain & la jalousie : ils doivent se souvenir que leur profession est honorable par elle-même, & qu'il seroit honteux d'en faire un vil métier ; qu'ouvrir leur cœur à la passion de l'intérêt, c'est le fermer aux impressions nobles qui doivent l'agiter. J'ai lu dans un Ancien que les Dieux jettoient au même moule les ames des Héros & celles des Artistes célébres : aussi ces derniers rougiroient - ils de s'abandonner à des intrigues & à des cabales formées par la jalousie & ourdies par la fraude : ils voient les succès de leurs rivaux avec les yeux de l'émulation & non avec ceux de l'envie : ils sçavent qu'ils sont tous concitoyens par la naissance & freres par le talent, & qu'ils sont faits pour exciter la jalousie & non pour l'éprouver.

L'honneur est la fin que se proposent les fameux Chanteurs : ils n'ignorent point que leur talent porté à un certain dégré les met au niveau des états les plus relevés ; que la gloire qui a des couronnes pour les grands hommes en a aussi pour les Artistes habiles ; que les plumes éloquentes qui ont transmi à la Postérité les actions illustres des Héros d'Athenes & de Rome, ont fait passer jusqu'à nous l'éloge des Bathille & des Roscius ; & que le Poëte sublime qui a chanté le grand Henri, a jetté des fleurs sur le tombeau d'une Actrice.

Jaloux de mériter l'estime de leur siécle ces mêmes Chanteurs ambitionnent les suffrages éclairés du petit nombre des Amateurs délicats, & dédaignent l'approbation aveugle de la multitude, qui applaudit le plus souvent aux efforts & à l'exagération : ils regardent le peuple comme une machine lourde & immense que son propre poids entraîne, persuadés toutefois qu'il est aisé aux gens de génie & à ta-

lent d'en manier adroitement les
reſſorts, & d'en diriger les mouvemens ſelon leur bon plaiſir.

F I N.

TABLE

TABLE
DE L'OUVRAGE.

G.

consiste à faire monter & descendre
à propos le larinx, à bien inspirer &
expirer. 37

SECONDE PARTIE.

Le Chant composé ou la Déclamation chantante.

Fin de la Table.

E R R A T A.

*P*age 2. ligne 5. & leurs dernier pas, *lisez*, & les derniers pas.

P. 18. *l*. 2. dans le Violon, *lis.* le Violon.

P. 26. *l*. derniere, expiration, *lis.* l'expiration.

P. 31. *l*. 5. pour eux, *lis.* pour elles.

P. 51. *l*. 16. elle est divisée, *lis.* son attention est divisée.

P. 82. *l*. 10. avec les sens, *lis.* avec le sens.

P. 84. *l*. 1. ce lit, *lis.* le lit.

P. 89. *l*. pénultième, l'homme de condition, *lis.* homme de condition.

P. 90. *l*. 19. le premier l'aveu, *lis.* le premier aveu.

P. 92. *l*. 15. l'étonnant d'abord, *lis.* l'étonnent d'abord.

P. 96. *l*. 16. les paroles demandant, *lis.* les paroles demandent. *Ibid. l.* 26. on a du en étudier, *lis.* on a du étudier.

P. 107. *l*. 9. leur imagination, *lis.* attention.

P. 111. *l*. 15. sons à caractères, *lis.* à caractère.

P. 131. *l*. 4. qui les représentent, *lis.* représentassent.

P. 133. *l*. 14. ces deux port de voix, *lis.* les deux port de voix.

P. 139. *l*. 14. en former des tous, *lis.* touts.

APPROBATION.

J'AI LU par ordre de Monseigneur le Chancelier un Manuscrit qui a pour titre *L'Art ou les Principes Philosophiques du Chant* par Monsieur BLANCHET. A Paris ce 31 Janvier 1756.

Signé, PIDANSAT DE MAIROBERT.

PRIVILEGE DU ROI.

LOUIS, PAR LA GRACE DE DIEU, ROI DE FRANCE ET DE NAVARRE, A nos Amés & féaux Conseillers, les Gens tenans nos Cours de Parlement, Maîtres des Requêtes ordinaires de notre Hôtel, Grand-Conseil, Prévôt de Paris, Baillifs, Sénéchaux, leurs Lieutenans Civils, & autres nos Justiciers qu'il appartiendra : SALUT. Notre Amé le Sr BLANCHET, Nous a fait exposer qu'il désireroit faire imprimer & donner au Public un Ouvrage de sa composition qui a pour titre *l'Art du Chant*, s'il nous plaisoit lui accorder nos Lettres de Privilege pour ce nécessaires : A CES CAUSES, voulant favorablement traiter l'Exposant, Nous lui avons permis & permettons par ces Présentes, de faire imprimer son Ouvrage autant de fois que bon lui semblera, & de le faire vendre & débiter par tout notre Royaume, pendant le temps de six années consécutives, à compter du jour de la date

des Préfentes. Faifons défenfes à tous Imprimeurs, Libraires & autres perfonnes de quelque qualité & condition qu'elles foient,
d'en introduire d'impreffion étrangère dans
aucun lieu de notre obéiffance ; comme
auffi d'imprimer ou faire imprimer, vendre, faire vendre, débiter ni contrefaire ledit Ouvrage, ni d'en faire aucun Extrait,
fous quelque prétexte que ce puiffe être,
fans la permiffion expreffe & par écrit dudit
Expofant ou de ceux qui auront droit de lui,
à peine de confifcation des Exemplaires con-
trefaits, de trois mille livres d'amende contre chacun des contrevenans, dont un tiers
à Nous, un tiers à l'Hôtel Dieu de Paris &
l'autre tiers audit Expofant, ou à celui qui
aura droit de lui, & de tous dépens, dom-
mages & intérêts ; A la charge que ces
Préfentes feront enregiftrées tout au long
fur le Regiftre de la Communauté des
Imprimeurs & Libraires de Paris, dans
trois mois de la date d'icelles ; que l'impreffion dudit Ouvrage fera faite dans notre Royaume, & non ailleurs, en bon
papier & beaux caractères, conformément à la feuille imprimée attachée pour
modéle fous le contrefcel des Préfentes ;
que l'Impétrant fe conformera en tout aux
Réglemens de la Librairie, & notam-
ment à celui du 10 Avril 1725 ; qu'avant
de l'expofer en vente, le Manufcrit qui
aura fervi de Copie à l'impreffion dudit
Ouvrage, fera remis dans le même état
où l'Approbation y aura été donnée ès mains
de notre très-cher & féal Chevalier Chancelier de France, le Sieur DELAMOIGNON ;
& qu'il en fera enfuite remis deux Exemplaires dans notre Bibliothéque publique,

un dans celle de notre Château du Louvre, un dans celle de notre-dit très-cher & féal Chevalier, Chancelier de France, le sieur DE LA MOIGNON, & un dans celle de notre très-cher & féal Chevalier, Garde des Sceaux de France le sieur DE MACHAULT, Commandeur de nos Ordres : le tout à peine de nullité des Présentes ; du contenu desquelles vous mandons & enjoignons de faire jouir ledit Exposant & ses ayans causes, pleinement & paisiblement, sans souffrir qu'il leur soit fait aucun trouble ou empêchement. Voulons que la Copie des Présentes, qui sera imprimée tout au long au commencement, ou à la fin dudit Ouvrage, soit tenue pour dûement signifiée, & Copie collationnée par l'un de nos amés & féaux Conseillers & Sécrétaires, foi soit ajoutée comme à l'Original. Commandons au premier notre Huissier ou Sergent sur ce requis, de faire pour l'exécution d'icelles, tous Actes requis & nécessaires, sans demander autre permission, & nonobstant clameur de Haro, Chartre Normande, & Lettres à ce contraires : Car tel est notre plaisir : DONNÉ à Versailles le vingt-cinquième jour du mois de Février, l'an de grace mil sept cent cinquante-six, & de notre Regne le quarante & unième. Par le Roi en son Conseil.

Signé LE BEGUE.

Registré sur le Registre XIV. de la Chambre Royale & Syndicale des Libraires & Imprimeurs de Paris, N° 17 fol. 15, conformément au Réglement de 1723. qui fait défenses Art. IV. à toutes personnes de quelque qualité qu'elles soient, autres que les Li-

braires & Imprimeurs , de vendre , débiter &
faire afficher aucuns Livres pour les vendre
en leurs noms , soit qu'ils s'en difent les Auteurs ou autrement ; & à la charge de fournir
à la susdite Chambre neuf exemplaires prescrits
par l'Article 108 du même Réglement. A Paris
le 27 Février 1756.

Signé DIDOT, Syndic.

De l'Imprimerie D'Augustin-
Martin Lottin 1756.

www.ingramcontent.com/pod-product-compliance
Lightning Source LLC
Chambersburg PA
CBHW071954090426
42740CB00011B/1936